ECOLE
DE
CAVALERIE.
QUATRIE'ME LEÇON.

ECOLE
DE
CAVALERIE.
CONTENANT

L'OSTEOLOGIE, LE TRAITE' des Maladies, & celui des Opérations Chirurgiques, qui se pratiquent sur les Chevaux.

Le tout distibué par Leçons, par le Sieur DE LA GUERINIERE, Écuyer du Roy, pour servir aux démonstrations, qui se font tous les Samedis à onze heures du matin dans son Académie, ruë de Vaugirard, en faveur de Messieurs les Académistes.

QUATRIE'ME LEÇON.

A PARIS,
Chez JACQUES GUERIN, Libraire-Imprimeur, Quay des Augustins.

M. DCC. XXXI.
Avec Approbation & Privilege du Roy.

Vous me demandez...
Vçon de l'école de Ca-
ractère qui contient trois petits Traits, savoir, on a léger
...
... se chatier par les
gens, lorsqu'on s'avise, n'
prend, on a pigé à main...
de les rendre en une seule...
... sur l'état... ...

Le premier de ces che-
mins des caractères est de...
... ...
... ... il
... ...
... ...
... ... à cette heure

AVIS.

VOici la quatriéme Leçon de l'Ecole de Cavalerie qui renferme trois petits Traités que l'on a séparé pour plus d'ordre, & au lieu de les diviser par Leçons, comme on l'avoit annoncé, on a jugé à propos de les réduire en une seule, qui sera la derniere de cet abregé.

Le premier est une description des os du Cheval, de leur nombre, figure, situation & assemblage, avec un discours abregé sur leur formation & sur celle de tou-

AVIS.

tes les parties du corps. On peut assurer le Public que cet Ouvrage n'est copié d'aucun Auteur, & que la description de chaque os a été faite après l'avoir examiné avec attention sur le squelete du Cheval.

Le second Traité regarde les maladies auxquelles les Chevaux sont plus sujets; & l'on s'est moins étudié à donner beaucoup de formules & de réceptes, & à faire de beaux raisonnemens sur la nature & sur les causes les plus éloignées des maladies, qu'à en donner des définitions claires, nettes, & courtes, ou du moins des descriptions exactes, & ce que

AVIS.

l'on peut appeller proprement l'hiſtoire d'une maladie. On a rapporté ſuccinctement les obſervations de pratique les plus importantes, & qui avoient du rapport aux maladies que l'on traitoit, ſans faire aucune citation pour ne point ennuyer. En un mot, on a cherché à faire reconnoître ſûrement chaque maladie, & à la faire diſtinguer de celles qui y peuvent reſſembler; c'eſt cette partie que les Medecins appellent le Diagnoſtic, & dont le manque de connoiſſance cauſe de ſi grands déſordres. Après le Diagnoſtic on a eû attention de faire le pronoſtic le plus juſte que

AVIS.

l'on a pû pour ne point engager mal-à-propos dans une dépense en médicamens qui excedent quelquefois la valeur du Cheval. Pour les réceptes ou formules, ceux qui s'attendent à en trouver un grand nombre, seront trompés. On a choisi parmi celles dont l'expérience nous a assuré le succès, les plus simples, les plus communes, & les moins cheres, pour éviter, autant que faire se peut, le reproche que l'on a fait aux meilleurs ouvrages qui ayent paru sur cette matiere; que leurs drogues étoient trop rares, hors de prix, & que pour le moindre mal il falloit un Apoticaire; encore

AVIS.

falloit-il que cet Apoticaire fût connoisseur en fait de chevaux. Celui-ci sera peu sujet à cet inconvénient. Tous les Apoticaires indifféremment seront d'autant meilleurs, que n'ayant dans leurs boutiques que des drogues choisies, qu'ils ont coûtume d'employer pour les hommes, ils ne font point comme les autres, amas du rebut des drogues, & les remedes en seront plus efficaces & n'en seront pas plus chers. C'est donc sur la méthode que nous avons le plus insisté. Nous appellons méthode avec les Medecins le point de vûë principal que l'on doit toûjours avoir devant les yeux.

AVIS.

pour parvenir à la guerison, pour connoître les différens mouvemens de la nature qui doivent servir de guide pour prendre son parti, soit pour aider la nature quand ses efforts ne sont pas suffisans pour se délivrer de la maladie & pousser aux dehors l'humeur maligne qui la cause, soit pour ne la point interompre quand ils le font, soit pour la remettre quand elle se fourvoye totalement de la route salutaire, & même l'arrêter tout court quand elle tend à sa destruction. C'est cette partie que M. de Soleysel seul de tous ceux qui ont écrit sur cette matiere a connuë, & qui lui a attiré, à juste titre,

AVIS.

une si grande réputation ; mais il y a quelques maladies dans lesquelles il semble l'avoir negligé, & le peu d'ordre qu'il a mis d'ailleurs dans l'arrangement de ses matieres, l'a obligé à des redites, que la division générale & uniforme qui regne dans toutes les Leçons de ce petit Ouvrage nous épargne. Nous esperons que ce ne sera pas un petit avantage pour la commodité du Lecteur, puisque même sans table il trouvera sûrement ce qu'il cherche à l'ouverture du Livre. Pour les dissertations sur les fermentations différentes que subissent les humeurs dans chaque maladie, & sur les in-

AVIS.

fluences des Planetes, sur lesquelles s'est beaucoup étendu le parfait Maréchal, nous nous en sommes abstenu crainte d'attirer sur nous la critique de la Faculté, & de nous brouiller avec l'Observatoire. Pour les autres Auteurs qui ont traité de Maréchallerie, nous n'en parlerons pas, puisqu'ils ne sont en rien comparables à M. de Soleysel, & qu'ils n'ont fait que donner des réceptes pour chaque maladie, point ou mal décrite. Il nous reste à nous justifier par avance du reproche de Plagiaire de M. de Soleysel que l'on pourroit nous faire, quoiqu'en peu d'endroits, au sujet de quel-

AVIS.

ques remedes qui font pris de lui, mais loin de lui faire tort, nous croyons au contraire lui faire honneur. L'ufage des Maréchaux aufquels nous les avons vû pratiquer avec fuccès, nous les a de premier appris ; nous les avons reconnu enfuite à la lecture de fon Livre, & comme c'eſt un bien dont il a fait préfent au Public, qui n'a point manqué pour lui de reconnoiſſance, la juſtice que nous lui rendons encore aujourd'hui avec tant de bonne foi, eſt un nouveau témoignage de l'excellence de fon bienfait dans les remedes que nous avons pû prendre de lui, & dont nous faifons pu-

AVIS.

bliquement la restitution ; mais ils sont en petit nombre.

Enfin, nous avons renvoyé à la fin de l'Ouvrage une courte peinture des opérations manuelles ou chirurgiques que les Maréchaux pratiquent sur le corps des chevaux, & la manœuvre de les panser après que les opérations sont faites. Comme les mêmes opérations se pratiquent en différentes occasions & pour différentes maladies, nous eussions été embarrassés de leur donner une place convenable dans le cours du Livre, & l'on aura l'avantage de voir d'un seul coup d'œil une espece de

AVIS.

ques remedes qui sont pris de lui, mais loin de lui faire tort, nous croyons au contraire lui faire honneur. L'usage des Maréchaux ausquels nous les avons vû pratiquer avec succès, nous les a de premier appris; nous les avons reconnu ensuite à la lecture de son Livre, & comme c'est un bien dont il a fait présent au Public, qui n'a point manqué pour lui de reconnoissance, la justice que nous lui rendons encore aujourd'hui avec tant de bonne foi, est un nouveau témoignage de l'excellence de son bienfait dans les remedes que nous avons pû prendre de lui, & dont nous faisons pu-

AVIS.

ladies auſquelles conviendront les opérations que l'on voudra faire, & on en ſuivra la cure juſqu'à la fin, autant que faire ſe pourra. On emploira la méthode & les remedes décrits dans ce Livre, & dans les occaſions on pourra faire de nouvelles épreuves dont le ſuccés, bon ou mauvais, fera la matiere des obſervations que l'on communiquera par la ſuite au Public. On oſe ſe flatter que cet Ouvrage, malgré la brieveté, ſuffira, ſinon pour guerir toutes les maladies, du moins pour mener à bien celles qui ſont curables, & pour ne pas entreprendre celles qui ne le ſont pas.

TABLE

De la quatriéme Leçon de l'Ecole de Cavalerie.

TRaité des Os du Cheval, page 1.
Des os de l'Avant-main, 13.
Des os de la tête, ibid.
Des os du col oû vertebres, 25.
Des os du corps, 32
Des os de l'Arriere-main, 35.

Traité des Maladies du Cheval.

DEs maladies de l'Avant-main, 41.
Du mal de tête, ibid.
Du feu, 43.

TABLE.

De la fluxion & du coup sur l'œil, 49.
Du Cheval lunatique, 52.
Du dragon, 55.
De la taïe, ibid.
De l'étranguillon ou esquinancie, 57.
Des avives, 60.
De la gourme, 62.
De la fausse gourme, 67.
Du rûme ou morfondement, 68.
De la morve, 70.
Barbillons, 76.
Des surdents, ibid.
Des barres & de la langue blessées, 77
Du pissanesse ou pinsanesse, 79.
Du tic, 80.
Du mal de cerf, 83.
Maniere de faire l'onguent des nerfs, 86.

TABLE.

Du vertigo, 88.
Du mal de taupe, 90.
Tumeurs & bleſſures ſur le gar-
　rot, 92.
De l'effort d'épaule ou du Cheval
　entr'ouvert, ou faux écart, 94.
De l'écorchûre entre les ars, ou
　du cheval frayé entre las ars,
　100.
De l'ancœur, avant-cœur, ou
　anti-cœur, 101.
De la loupe, 102.
Des malandres, 104.
Des ſurps, de la fuſée & de
　l'oſſelet, 106.
Du nerf feru, 110.
De l'entorſe ou memarchure, 111.
De l'effort du genouil, 116.
Des jambes foulées, travaillées,
　ou uſées, 117.
Bleſſure ſur le boulet, 120.

TABLE.

Des moletes, du ganglion, & de l'offelet du boulet, ibid.
De la forme, 124.
De l'atteinte du javar, de l'atteinte encornée, du javar encorné, 126.
De l'enchevêtrure, 136.
De la forbure, ibid.
De la crapaudine, 145.
Des peignes & grapes, ibid.
Matiere fouflée au poil, 148.
Mechans pieds, 149.
De l'encaftelure, 150.
De l'ognon dans le pied, 152.
Du cheval deffolé de nouveau, ibid.
De la bleime, 153.
Des feimes, 155.
De la folbature & des pieds douloureux, 160.
De l'étonnement de sabot, 161.

TABLE.

Des teignes, 163.
De l'encloueure, 164.

Des Maladies du Corps.

DE la fièvre, 169.
Du farcin, 175.
De la pousse, 179.
De la courbature, 184.
De la toux, 187.
De la gras-fondure, 188.
Du flux de ventre, 191.
Des vers, 195.
De la jaunisse, 197.
Des tranchées, 200.
De la rétention d'urine, 203.
De la fortraiture, 204.
Des chevaux maigres & dégoûtés, ibid.
Blessures & enflûres sous la selle & sur les rognons, & des cors, 207.

TABLE.

De l'effort des reins, 208.
De la galle, 210.
De l'enflûre des bourses & sous le ventre, & des autres enflûres, 213.

Des Maladies de l'Arriere-main.

DU Cheval épointé, éhanché, & de l'effort du jarret, 216.
De l'enflûre à la cuisse, 219.
Du fondement qui tombe, ou sort, 221.
De la chûte du membre & de la matrice, 222.
Des hernies, 224.
Du vessigon, 229.
De la courbe, 232.
De la varisse, 233.
De l'éparvin, 234.

TABLE.

Du jardon ou de la jarde, 237.
Du capelet, 239.
Des solandres & des rapes, 241.
Des queuës de rats ou arrêtes, 242.
Des eaux, 243.
Des muscles traversieres, 245.
Poirraux ou verruës, 246.
Du fic, 247.

Opérations de Chirurgie.

DE la saignée, 253.
De la saignée au col, 254.
De la saignée à la langue, 256.
De la saignée au palais, 257.
Des saignées qui se pratiquent aux ars, aux flancs, & au plat de la cuisse, 258.
De la saignée à la queuë, ibid.
De la saignée à la pince, 259.
De la saignée au larmier, 260.

TABLE.

De la maniere d'églander, 261.
De la castration, 263.
Du lavement & de la maniere de vuider un Cheval, 265.
Du séton & de l'ortie, 267.
Maniere de dessoler, 271.
L'amputation de la queuë, 275.
Maniere de barrer les veines, 277.
Le feu, 280.
Maniere d'énerver, 288.
Du polipe, 290.
De la maniere de couper la langue, 291.
Observation sur la maniere de faire avaler les breuvages & pillules, & sur l'usage du billot, 293.

Maniere de faire des Plotes, 297.

Fin de la Table.

ECOLE DE CAVALERIE.

QUATRIE'ME LEÇON.

HIPPOSTEOLOGIE

OU

Traité des Os du Cheval.

'ON appelle Os une partie du corps de l'animal, privée de sentiment, blanche, dure, cassante & legere, destinée à servir de base ou d'attache à toutes les autres

A

parties du corps, ou bien à les contenir.

L'on distingue l'Os du cartilage, en ce que le cartilage est plus souple & moins dur que l'Os, & d'une nature élastique. Il s'ossifie quelquefois.

L'on distingue l'Os de la corne en ce que celle-ci s'amollit à la chaleur, y prend la forme que l'on veut, & ne casse pas net comme les deux précedentes.

La solidité seule suffit pour le distinguer de toutes les autres parties du corps, comme veines, Arteres, Nerfs, Membranes, &c.

Les Anatomistes ont divisé les Os du corps de l'animal, tant volatile, que marchant sur terre en trois classes.

La tête & le col font la premiere.

Le tronc fait la deuxiéme.

Et les extrêmités anterieures & posterieures, superieures & inferieures la troisiéme.

Comme la division qui a été faite

du corps du cheval dans notre premiere Leçon ne s'éloigne pas de celle-ci, nous continuerons l'ordre que nous avons déja marqué ; ainsi nous renfermerons dans le nombre des os de l'Avant-main, ceux de la tête, du col, de la gorge, & des extrêmités anterieures, qui sont les jambes & les pieds de devant.

Le corps du cheval comprendra cette chaine d'osselets ou d'os connus sous le nom de vertebres, depuis & compris le garot jusqu'à l'os appellé sacrum, qui est le premier de la croupe, laquelle chaine est nommée communement l'échine ou l'épine du dos : nous y joindrons les costes & les os qui les réünissent ensemble par-dessous la poitrine.

Enfin traitant des os de la croupe, nous parlerons de ceux des hanches, du bassin, des extrêmités posterieures ou jambes & pieds de derriere & de la queuë, lesquels composent l'arriere-main.

Avant de faire le dénombrement

A ij

& la description de tous ces os, il est à propos d'expliquer quelques termes qui pourroient sembler barbares, mais dont nous serons obligés de nous servir dans la suite de ce discours, parce qu'ils sont consacrés.

Toutes les parties du corps animal peuvent se rapporter à une seule comme la plus simple que l'on nomme Fibre, Fibrille, Filament, Fil ou Filet. C'est une partie étenduë en longueur, & à laquelle l'imagination donne peu d'épaisseur, & encore moins de largeur.

Selon que ces fibres sont differemment arrangées on leur donne differens noms, parce qu'elles forment differentes parties.

Lorsqu'elles sont plusieurs ensemble, rangées sur un plan parallele, croisées & entrelassées par d'autres perpendiculaires ou obliques, elles forment les membranes.

Sont-elles rangées plusieurs ensemble en forme de Cylindre, comme les douves d'un tonneau, & entrelassées par d'autres fibres, ou en orle * ou spirales, elles forment des tuyaux que l'on appelle vaisseaux.

Imaginés un vaisseau replié autour de lui-même en forme de peloton, lequel se divise à la sortie en deux branches, dont l'une separe une liqueur superfluë ou nécessaire à d'autres usages, & l'autre rapporte à la masse du sang le reste de la liqueur qu'il a apporté, & vous aurés l'idée de la glande que les Anatomistes appellent conglobée.

Si le vaisseau separe une liqueur superfluë, comme l'urine, la sueur, &c. on l'appelle excreteur : s'il separe une liqueur utile comme la bile, la salive, &c. on le nomme secreteur.

De l'amas de plusieurs de ces glandes réunies naissent les conglomerées.

* Orle est la figure que décrit la ligne qui passeroit dans toutes les dents d'une rouë d'orloge.

Les fibres réunies en un seul faisceau blanc, qui remonte jusqu'au cerveau, en se joignant à d'autres semblablement compactes & serrées, sans former de cavité sensible dans les troncs après la réünion de plusieurs de ces paquets joints ensemble, elles font les nerfs destinés à porter le sentiment, & peut-être le mouvement dans toutes les parties.

On en trouve dans le même ordre qui par leur réunion forment aussi un corps blanc, mais devenant plus lâches, moins serrées par une, quelquefois par les deux extrêmités, forment une masse ou substance rougeâtre par le sang dont elle est abreuvée, que l'on nomme muscle ou chair; & le corps blanc s'appelle tendon.

Lorsque cette masse rougeâtre ne s'y trouve point, & que ces fibres ne viennent point prendre leur origine dans le cerveau, ce ne peut être qu'un ligament ; ils servent communement à unir deux os ensemble & quelquefois à donner attache à quelque viscere.

Un muscle a quelquefois deux tendons, & un tendon se trouve aussi quelquefois entre deux extrêmités musculeuses: ces mêmes fibres musculeuses imitant la figure circulaire ou d'un anneau s'appellent Sphincteres du mot Grec *Sphincter* qui signifie *Anneau*.

De ces vaisseaux il en est qui ont naturellement & sans interruption un battement ou une vibration que l'on appelle poulx à *Pulsu*; ce sont les arteres qui portent le sang du cœur à toutes les parties du corps; celles qui les rapportent des extrêmités n'en ont point & s'appellent veines.

Il y a encore d'autres vaisseaux destinés à porter ou contenir d'autres liqueurs, mais ils ont tous le nom commun de secreteurs ou excreteurs, & la liqueur qu'ils contiennent, suivant sa qualité, caracterise le nom particulier.

L'Anatomie moderne a pourtant donné à ceux destinez à la circulation de la limphe, celui de veines & arteres limphatiques.

On entend par limphe la partie du sang qui se coagule dans la poëlette, & se liquefie à une chaleur douce, & se durcit à un feu violent.

Lorsque ces mêmes filamens se trouvent dans un dégré de compaction plus serré que les ligamens & abreuvés d'un suc visqueux & gluant, ils ont beaucoup plus de ressort, & sont propres à servir de coussins à des parties plus dures, plus solides & plus cassantes, sçavoir les os, qui se froisseroient continuellement par le contact & se briseroient promptement, s'ils n'en étoient revêtus à chacune de leurs extrêmités, qui peut être sujette au contact d'un os voisin ; c'est à cet emploi que sont destinez ces cartilages ; l'humidité gluante & visqueuse dont ils sont abreuvez venant à se dessecher ils acquerent souvent la dureté des os & le deviennent même avec le temps.

L'os enfin se forme de la réunion de fibres comme le cartilage, mais beaucoup plus serrées, & qui laissant par conséquent moins de passage au suc qui pourroit les humecter, se déssechent plus vîte.

Des deux substances qui se remarquent dans l'os, l'une est cassante, que les Anatomistes appellent vitrée, & l'autre spongieuse : on peut en entrevoir la raison sur les mêmes principes que nous avons avancés.

L'on considere dans l'os des éminences & des cavités.

Les éminences ont deux sortes de noms, apophise & epiphise.

L'apophise est une éminence, saillie, ou inégalité de l'os faite par l'expansion ou prolongation des fibres mêmes de l'os.

L'epiphise est un os enté sur un autre, mais plus petit que celui sur lequel il est enté, & qui s'articule sans mouvement à la faveur d'un cartilage mince qui les unit & ne fait des deux os qu'une piece solide. Ce cartilage venant à s'ossifier lui-même comme nous avons dit que cela arrivoit quelquefois, l'epiphise devient pour lors apophise.

Les cavités de l'os ont plusieurs sortes de noms, mais comme ils sont pris de leur figure nous en passerons les définitions qui seroient plus obscures que ce que nous voudrions définir; car qui ne sçait pas ce que signifient trou, canal, fosse, sinus ou cul de sac, échancrure, sinuosité ou sillon, scissure ou goutiere, &c.

Il s'agit plûtôt de sçavoir à présent de quelle maniere tant de pieces d'os, dont le corps est composé, sont unies ensemble.

On en distingue de deux sortes, sçavoir, articulation (ou jonction, c'est la même chose) sans mouvement, & articulation avec mouvement.

L'articulation sans mouvement s'appelle suture ou commissure, c'est lorsque les inégalités de deux os se reçoivent reciproquement dans leurs cavités comme les dents dans leurs alveoles, les os du crane les uns avec les autres, les epiphises avec leurs os, quoiqu'il y ait un cartilage entre deux; il est donc aisé de voir que l'on appelle suture ce que les ouvriers appellent mortaise & queuë d'aronde.

L'articulation avec mouvement se fait de deux manieres, l'une par genoüil, l'autre par charniere.

Les mécanistes appellent genoüil le mouvement d'une boule ou sphere dans une cavité presque spherique, qui par conséquent se meut circulairement & en tout sens; cette dénomination est absolument impropre, car le genoüil d'aucun animal ne se meut de cette maniere, mais ce terme étant universellement consacré à cette maniere de mouvoir, & y ayant d'autres parties dans l'animal où cette articulation se trouve, nous en conserverons l'expression.

La charniere est un mouvement limité à décrire une portion de cercle, aller & venir en un seul sens comme celui des charnieres de tabatieres, des couplets de portes, ou même de celles qui roulent sur des gonds, dont il se trouve des exemples dans le corps.

Quelques Anatomistes ont donné plusieurs autres especes d'articulations ; mais comme il est aisé de voir, en faisant quelque attention, qu'elles se rapportent nécessairement à une de celles que nous venons d'expliquer, nous les passerons sous silence, & nous allons passer tout de suite au détail des os de l'avant-main : nous commencerons par ceux de la tête.

DES OS DE L'AVANT-MAIN.

Des Os de la Tête.

LA tête est un boëte osseuse composée de plusieurs pieces dont l'usage est de contenir les principaux organes des sens & les défendre par sa dureté contre les chocs violens qu'ils pourroient recevoir des corps exterieurs. Elle est composée de deux pieces principales, sçavoir la machoire superieure & l'inferieure. La machoire supérieure ou le crane est composée de vingt-six os que l'on peut reconnoître sans briser le crane : leurs jointures ou sutures les font distinguer pour la plûpart assés aisément les uns des autres, surtout dans les jeunes sujets.

En considerant de face un crane de cheval décharné posé horisontalement sur une table, dont on a détaché la machoire inferieure, les deux premiers os qui se presentent font les maxillaires, lesquels font les deux côtés de la face du cheval. Nous appellerons face au cheval toutes les parties contenuës depuis la partie superieure des yeux jusqu'au bout du nez. Ces os sont percés dans leur partie laterale moyene d'un trou ou plûtôt d'un canal qui donne passage à un nerf assés gros qui vient de la quatriéme paire du cerveau, chacun de ces os est percé dans sa partie inferieure de dix trous que l'on nomme alveoles destinés à loger les dens, sçavoir, les six machelieres ou molaires à la partie posterieure ; à un pouce ou environ de distance le crochet ; & un peu plus avant la dent des coins ; ensuite une mitoyenne, & une des pinces à la partie anterieure, dont les qualités qui sont utiles pour la conoissance de l'âge sont détaillées dans le chapitre de l'âge ; nous ajouterons seulement ici que ces dens de devant ne servent point à l'animal pour macher, il coupe avec elles le fourage & ramene l'aliment par le moyen de la langue & des autres muscles de la bouche vers les grosses dens posterieures pour les broyer.

Ces deux os à la partie anterieure, par leur réunion, forment un petit canal court & contourné, par où sortent les veines du palais qui vont se perdre dans les levres.

Au dessus de ces os s'en presentent deux autres qui ont la figure d'un bec d'aigle par le bout, ils sont separés l'un de l'autre par une longue suture qui traverse le front & remonte jusqu'au sommet, on appelle cette suture la suture droite ou sagittale, ces deux os s'appellent les pinnes du nez & sont articulés chacun de leur côté avec les os maxillaires par une suture qui en porte le nom & est dite suture pinnale: ces os en leur place forment une espece de cœur,

La suture sagittale en remontant vers le sommet, separe deux autres os, qui sont ceux du front, placés directement sous l'epie ou molette entre les deux yeux. Chacun de ces os a une apophife ou faillie qui fait une grande partie de l'orbite ou contour de l'œil, cette apophife a un trou par où fort un nerf qui va au pericrane.

En remontant plus haut la même futuresagittale traverse deux os triangulaires que l'on appelle parietaux, parce qu'ils font placés aux deux côtés du front.

Cette future se va enfin terminer au toupet, qui est l'endroit où naît le poil qui porte le même nom en feparant les deux os des tempes, lesquels font feparés des parietaux par la future que les Grecs ont nommé Lambdoïde à caufe de la figure de de leur *Lambda* qu'ils écrivent ainfi Λ. Les parietaux le font du coronal par la future tranfverfe, ainfi appellée parce qu'elle est droite & horifontale, & le coronal des pinnes du nez par l'arcuale à caufe de fa figure d'arc.

Ces os des tempes font les plus larges de tout le crane, convexes en dehors

dehors & concaves en dedans. A leur partie laterale externe ils produisent une longue apophife qui est coudée & va fermer l'orbite, & en se joignant avec la saillie de l'os de la pommette forment l'arcade appellée zygoma. Dessous cette apophife est une cavité destinée à recevoir le condile de la machoire inferieure & derriere cette cavité un talon pour y retenir la machoire; ce talon s'appelle apophife mastoide.

Derriere cette apophife mastoide il s'en trouve une autre longue & pointüe comme une aiguille que l'on nomme stiloide.

De ces apophifes stiloides qui portent leur direction vers le nœud de la gorge, partent deux os qui vont à la partie anterieure du gosier lesquels s'unissent à angle aigu avec deux autres plus courts, qu'à cause de leur figure on nomme les pilons. Sur les extremités superieures de ceux-cy, s'en articule un autre qui ressemble à une fourche à deux fourchons

B

& donne à cause de cela à tout cet assemblage d'os le nom commun de fourchette. Cet os est appellé par les anatomistes hyoide, c'est celui qu'on trouve à la racine des langues de mouton.

Derriere le toupet se trouve un os d'une figure singuliere, car la tête étant renversée & couchée aussi horisontalement, en regardant de face la partie posterieure du crane qui est remplie par cet os, il represente assés parfaitement la tête d'un bœuf, son nom est l'occiput; il y a trois trous principaux & quatre apophises, le plus grand des trous s'appelle ovale, & donne passage à la moële alongée qui est la prolongation de la substance du cerveau qui regne jusqu'à la troisiéme ou quatriéme vertebre de la queuë. Les deux autres trous donnent passage aussi à la moële spinale & à la septiéme paire de nerfs lesquels vont à la langue, la gorge & l'os hyoïde.

Des quatre apophises ou saillies

les deux plus grosses sont lisses & arondies & sont conuës sous le terme consacré de condiles, les deux autres qui sont plus longues auront le nom de cornes dont elles representent la figure.

Il est à ce même os une cinquiéme saillie ou apophise qui se recourbe en dessous pour servir de base au cerveau : elle n'a point d'autre nom que celui d'avance occipitale.

Dans sa partie interne il se trouve une petite lame mince qui sert de cloison pour séparer le cerveau du cervelet ; on l'appelle la cloison.

En considerant toûjours la base du crane renversée le premier os qui suit l'avance de l'occiput est le sphenoïde derivé d'un mot Grec qui signifie coin, lequel acheve avec un autre os que nous allons nommer la base du crane. Cet os a deux principales apophises ou saillies qu'on nomme aîles de leur figure : ces aîles s'élargissent vers le palais & au bout du plus épais de ces rebords se trouve un petit crochet ou une espece de poulie fixe par où passe le tendon du peristaphilin, muscle destiné à relever la luette.

Du milieu de cet os part une autre lame osseuse, tranchante d'un côté, sillonée de l'autre en forme de goutiere, longue & mince comme un poignard, laquelle va finir à la simphise ou réûnion des os maxillaires. Cet os est dit vomer par la ressemblance qu'il a au soc d'une charuë.

C'est précisément à la tête de cette lame osseuse que se trouve situé l'os cribleux, ou l'os etmoide, ou spongieux, ou l'entonnoir, c'est toûjours le même. De cet os tout spongieux se prolongent quatre lames osseuses percées d'une infinité de petits trous & repliées comme des cornets, attachées aux parois internes des maxillaires, deux de chaque côté du vomer. Nous les appellerons les cornets du nez.

Le vomer allant s'inserer par son

extremité aux os maxillaires, s'attache en passant aux os du palais, lesquels sont enfermés entre les aîles du sphenoide & les os maxillaires. Ces os du palais ont chacun un trou que l'on appelle gustatif, parce que les nerfs du goust passent par ce trou; à leur réûnion l'un avec l'autre ils forment un petit bec où s'attache la luette.

Nous venons de voir tous les os qui se trouvent situés sur une même ligne depuis une extremité du crane jusqu'à l'autre, tant en dessus qu'en dessous, il nous en reste trois de chaque côté pour achever le contour de la face du crane. Deux de ces os forment une grande partie de l'orbite, & sont articulés avec l'os maxillaire par une suture; l'un s'articule de plus avec un des pinnes du nez & le coronal, & s'appelle l'os du grand angle de l'œil; c'est celui qui est le plus près du front. Dans cet os est creusé un petit canal pour le sac lacrimal: sur le rebord que forme l'orbite est une échancrure pour le passage d'un cordon de nerfs qui va aux muscles & au globe de l'œil. L'autre os qui est à côté a une apophise ou saillie qui par sa production acheve une grande partie de l'orbite, fait le petit angle & forme la moitié de cette arcade qui fait une espece d'anse à la tête. Cet os est l'os de la pomette.

Enfin le troisiéme & dernier des os apparens du crane est un os enclavé dans la partie inferieure & posterieure de l'os des tempes & fermé par la base d'une corne de l'os occipital. Cet os est nommé pierreux par les uns, & éponge ou spongieux par d'autres; sa dureté ne laisse d'être assés considerable, il est fort irrégulier & composé de plusieurs parties qui ont chacune leur nom. Cet os est creux & sa cavité se nomme chambre interieure de l'oreille, le conduit s'appelle le tuyau. Ceux qui seront curieux de connoître parfaitement la méchanique de cette partie, consulteront l'ouvrage de M. du Verney qui en a fait un traité fort sçavant ; nous nous contenterons de dire que c'est dans cette chambre interieure que sont renfermés les principaux organes de l'ouïe lesquels sont osseux, membraneux, & musculeux ; les osseux, mais que l'on ne peut voir sans briser le crane, sont au nombre de trois l'étrier, l'enclume, & le marteau, nommés ainsi à cause de leur figure.

Le dernier des os de la tête est l'os de la machoire inferieure, sa figure est assés conüe ; la partie anterieure s'appelle le menton où sont logées dans autant d'alveoles huit dens y compris les crochets dont le nom & la description ont été données dans le chapitre de l'âge. Depuis le crochet jusqu'aux molaires qui sont six de chaque côté il y a un intervalle qui est la place où se met le mors lequel est recouvert de la gencive, c'est en cet endroit que se trouvent les barres ; on voit à la partie laterale externe, une espece de trou qui est le debouché d'un canal que l'on appelle conduit mentonnier par où passe un gros rameau de nerfs qui en distribue un surgeon à chaque dent.

Les deux apophises larges de la partie posterieure de cet os qui forment la ganache sont partagées en deux autres apophises dont celle qui a une tête s'appelle condile & s'articule par charniere dans une fosse de l'apophise mastoïde ; mais comme cette charniere est mobile elle-même, comme dans une espece de coulisse, elle forme un mouvement ovalaire ou elliptique qui imite le genou quoique ce n'en soit pas un. L'autre apophise se nomme coronoïde & donne attache à de forts muscles qui viennent des tempes. A la partie interne de cette machoire, on voit deux grands trous qui sont l'entrée des conduits mentoniers.

Il est à remarquer que la machoire inferieure est plus étroite que la supe-

superieure de la largeur des deux rangs des dents superieures, puisque la ligne externe qui passeroit sur le bord des dens molaires de la machoire inferieure de chaque côté vient fraper précisément contre la ligne interne des superieures, la raison en est que celles-ci sont destinées à broyer les alimens; c'est pourquoi il n'en est pas de même des anterieures qui servant à trancher sont posées juste l'une sur l'autre, comme des forces. Cette machoire est la seule mobile.

DES OS DU COL
OU
VERTEBRES.

L'on appelle vertebres tous ces os qui depuis la nuque forment une espece de chaîne jusqu'au bout de la queuë.

Le col en a sept; la premiere s'appelle Atlas en memoire sans doute de ce fameux Héros que l'hiſtoire antique nous aſſûre avoir porté le globe de l'univers. Cette vertebre eſt compoſée de ſept apophiſes, quatre anterieures ou ſuperieures, qui forment une cavité ovalaire, où la tête s'articule par genou ayant mouvement libre en tout ſens, limité pourtant par ces mêmes apophiſes pour ne point comprimer la moële alongée qui paſſe par un large trou, qui ſe trouve au fond de cette cavité ; deux apophiſes laterales qui ne reſſemblent pas mal à des oreilles de chien ſur tout par la partie ſuperieure, & une autre inferieure ou nazale parce qu'elle reſſemble parfaitement à une bout de nez.

La deuxiéme vertebre s'appelle le pivot, parce que cette premiere qui eſt aſſés fortement ſerrée contre la tête, tourne deſſus comme ſur un pivot. Elle a auſſi ſept apophiſes, la premiere s'appelle odontoide, parce qu'elle reſſemble à une dent. Elle sert de pivot à la tête par le moyen de la premiere vertebre qui tourne sur celle-ci à droite & à gauche, deux larges têtes se trouvent au côté de celle-ci que l'on appelle condiles, deux laterales ou épineuses; la nazale qui est beaucoup plus grande que celle de la premiere vertébre & la posterieure ou stomacale, parce qu'elle représente d'un certain sens très-parfaitement un estomac de volaille, dont on a levé les aîles & les cuisses.

Cette vertebre, aussi-bien que toutes les autres jusqu'au bassin, sont percées d'un canal pour le passage de la moële alongée. Sous la base de l'apophise nazale, est une large cavité ronde, où roule une tête parfaitement ronde de la troisiéme vertebre; ainsi cette vertebre s'articule avec la premiere par charniere, & avec la troisiéme par genou, aussi-bien que toutes les suivantes qui s'articulent par genou.

Les cinq autres ont chacune une

tête & une cavité ronde, par lesquelles elles s'articulent enſemble par genou.

Pour achever l'avant-main, il nous reſte à parler des extrêmités anterieures, que nous pourrons ſubdiviſer en cinq parties, ſçavoir, l'épaule, le bras, le genou, le canon & le pied.

L'épaule eſt compoſée de deux os. Le premier s'appelle l'Omoplate, les Bouchers l'appellent Palleron, prétendant parce qu'il eſt plat, qu'il a la figure d'une Paële. Le deuxiéme eſt l'Humerus, ou proprement l'os de l'épaule.

L'omoplate eſt un os triangulaire d'environ un pied de longueur, aſſés plat dans toute ſon étenduë, un peu concave du côté qui eſt appuyé ſur les Côtes, & convexe de l'autre côté. Sur le côté convexe eſt une ſaillie ou apophiſe longue, que l'on appelle l'épine. Cette épine qui ſepare les deux côtés les plus longs de ce triangle, vient finir avec eux à une espece de tête ronde creusée spheriquement pour recevoir la tête de l'humerus.

L'humerus est un os plus court que le précedent, mais plus fort, plus gros, & un peu contourné en S. Cet os est creux & contient beaucoup de moële, il s'articule avec le précedent par genou, & sert à faire le mouvement que l'on appelle chevaler dans les chevaux. Cet os a vers le milieu de sa longueur une saillie assés éminente, ronde, convexe d'un côté, & concave de l'autre, qui donne attache à des muscles, l'autre extrêmité finit par deux têtes ou condiles separés à la partie posterieure par une scissure ou rênure destinée à recevoir une saillie de l'os du coude avec lequel celui-ci s'articule par charniere.

Le bras fait la deuxiéme partie. Il est composé de deux os qui sont comme soudés ensemble, le plus gros est le rayon, & l'autre qui forme une espece de talon, est ce que

C iij

nous avons appellé le coude ou cubitus.

Le genou est la troisiéme partie. Il est composé de sept os qui forment une masse osseuse, retenuë par plusieurs ligamens : cette multiplicité d'os rend cette articulation beaucoup plus souple. Il seroit trop long pour cet ouvrage d'en donner ici la description, nous dirons seulement que toute cette masse s'articule avec le bras & avec le canon par charniere, quoique ce soit le genou.

La quatriéme partie est le canon qui est un os plus court que le rayon, mais d'une figure à peu près semblable, sur lequel est soudé à la partie posterieure & interieure dans la longueur, aussi un autre petit os long & sec que nous appellerons son épine.

La cinquiéme & derniere partie enfin est le pied composé de six os, sçavoir les deux os triangulaires, l'os du paturon, celui de la couronne, le petit pied & le founoiau.

Ces deux os triangulaires font placés directement derriere la jointure du canon & du paturon & forment le boulet.

L'os du paturon est un diminutif de l'os du canon & est seul.

Celui de la couronne est le diminutif du paturon.

Le petit pied est un os triangulaire, arondi pardevant. La partie superieure représente l'empeigne d'une mule de femme, avec un petit bec sur le coup du pied, & l'inferieure représente un fer à cheval. Le sabot dans lequel est renfermé le petit pied, est une corne dure par-dessus, plus tendre par-dessous, & sillonnée en dedans comme les feüillets qui sont sous la tête d'un champignon.

Quant au corps entier de toute la jambe, y compris l'épaule, il ne s'articule avec aucun os du corps, mais est attaché avec la partie laterale anterieure de la poitrine par de forts ligamens & de forts muscles.

DES OS DU CORPS.

Le corps est composé de vertebres, des côtes, & de l'os triangulaire appellé sternum, ou os de la poitrine.

Les vertebres sont des os d'une forme irréguliere qui contiennent cette chaine qui commence à la nuque & finit au bout de la queuë.

Elles ont toutes une saillie épineuse à la partie superieure à la difference du col, les quatre premieres croissent par dégré, la quatriéme & cinquiéme sont les plus longues & forment le garot, puis elles vont en diminuant jusqu'à la douziéme, les six suivantes sont égales.

Elles s'articulent ensemble par genou comme celles du col & par un cartilage de plus.

Sur ces dix-huit vertebres s'articulent par charniere autant de côtes de chaque côté : voici de quelle façon.

Chaque côte à deux têtes, une ronde & une plate & lisse; la ronde s'articule dans une cavité spherique qui est pratiquée dans la partié posterieure & inferieure de la vertebre qui est la plus proche du col, & elle s'articule sur la suivante qui est du côté de la croupe par sa tête plate, & qui fait un double jeu nécessaire pour le mouvement de la poitrine, ainsi il y a dans cette articulation charniere & genou.

A l'extrêmité de chacune des côtes se trouve un cartilage fort, & cependant un peu souple, lequel se confond avec les extrêmités cartilagineuses d'un os ou de plusieurs os qui avec l'âge s'ossifient en un que l'on appelle sternum ou triangulaire, parce qu'étant détaché de la partie osseuse des côtes il représente une échelle triangulaire qui n'auroit qu'un montant, lequel seroit dans le milieu.

Il n'y a que les neuf premieres côtes qui s'articulent immediatement avec cet os, les autres se joignent au cartilage de la neuviéme par de longues expansions cartilagineuses couchées les unes sur les autres.

L'os de la poitrine appellé sternum est le point de réünion de toutes les côtes à leur partie inferieure. Cet os finit vers le ventre par un cartilage pointu comme l'extrêmité d'un poignard qui lui a fait donner le nom de Xiphoide du mot Grec Xiphos épée.

Après les dix-huit vertebres qui soûtiennent les côtes, s'en trouvent six autres que l'on nomme lombaires des lombes ou rognons. Ces six vertebres sont assés semblables entr'elles, mais differemment figurées de celles du cofre. On les distingue de toutes les autres, parce qu'elles n'ont que trois saillies grandes larges & plates, deux laterales, & une superieure qui est la plus large & la plus courte. Le corps de la vertebre est percé comme toutes les précedentes pour le paſſage de la moële alongée ; elles s'articulent auſſi par genou, mais il arrive quelquefois par maladie qu'elles s'oſſifient pluſieurs enſemble.

DES OS DE L'ARRIERE-MAIN.

Les os de l'arriere-main comprennent l'os ſacrum, les os des iles ou des hanches, les cuiſſes, le jarret, les jambes de derriere, la queuë.

L'os ſacrum eſt un os triangulaire un peu recourbé par la pointe, & un peu concave par ſa partie inferieure ou interne, convexe par ſa partie exterieure. Cet os eſt une ſuite de cinq vertebres oſſifiées enſemble naturellement dès la plus tendre jeuneſſe de l'animal. Ces cinq vertebres ſe diſtinguent encore dans l'adulte qui eſt pour le cheval l'age de 4. ou 5. ans, par les apophiſes épineuſes ou ſuperieures qui ſont parfaitement conſervées : la premiere même de ces vertebres conſerve auſſi les deux apophises laterales, & les a beaucoup plus fortes que les précedentes. Ces apophises ont un côté grenu, par lequel elles s'articulent par suture avec les bords internes de l'os des iles à la faveur d'une lame cartilagineuse qui en fait le ciment & s'efface avec le tems.

Cet os est percé d'un canal dans sa longueur pour le passage de la moële alongée, à la partie interne : il y a quatre trous de chaque côté & deux échancrures, une en haut & une en bas de chaque côté pour la sortie des nerfs sciatiques, qui sont les nerfs de la cuisse

A l'extrêmité de cet os commence la queuë, dont les deux ou trois premiers nœuds sont percés encore pour le passage de la moële, les suivans ne le sont plus & sont colés les uns aux autres par des cartilages fort gluans; les filamens de nerfs se répandent & parviennent ainsi jusqu'à l'extrêmité de la queuë. Ces os sont au nombre de dix-sept.

Reste présentement à expliquer les os des iles, de la cuisse & des jambes de derriere.

Les os des iles sont deux, un de chaque côté qui se joignent dans le quadrupede à la partie inferieure où naissent les parties genitales dans les mâles, par une suture que l'on nomme Pubis.

Chacun de ces os est subdivisé par les Anatomistes en trois, l'Ileon, l'Ischion, & le Pubis.

L'Ileon est la partie superieure, large & évasée comme une palette qui s'articule par suture avec l'os sacrum.

Le Pubis, celle qui s'articule par cette suture qui joint les deux os du côté droit & du gauche.

L'Ischion est cette pointe posterieure excedente qui vient se terminer dans le milieu de cette grande cavité ronde que l'on nomme cotiloide par la ressemblance qu'elle a à une écuelle.

Les traces de cette réünion s'éffacent dans un âge si peu avancé qu'il n'en reste dans l'adulte aucun vestige. De chaque côté de la suture du pubis se trouve un large trou appellé de sa figure ovale, ovalaire. Il n'a d'autre usage que de rendre cet os plus leger.

Dans cette cavité cotiloide est une grosse tête ronde d'un os fort gros & assés long, creux & plein de moële. Cet os s'appelle le femur. On remarque dans cet os quatre principales éminences ou apophises.

Les deux superieures qui ne forment qu'une seule masse fourchuë se nomment le grand Trocanter, c'est la pareille éminence qui dans l'homme soûtient la culote. La troisiéme éminence qui se trouve au-dessus s'appelle le petit Trocanter, la quatriéme est opposée à celle ci, & à la partie interne, nous la nommerons apophise interieure. Au bas de cet os à la partie laterale externe, est une fosse profonde à loger une noix. Toutes ces apophises & cavités donnent attache à des muscles ou tendons.

L'extrêmité de cet os se termine par deux forts condiles, separés l'un de l'autre par de larges sillons où sont attachés de courts & forts ligamens qu'on nomme croisés.

Cet os s'articule avec le suivant par charniere; cette articulation est ce que nous avons nommé ailleurs le grasset, & cette jointure est recouverte par un os que l'on nomme la rotule ou l'os carré.

Nous avons appellé l'os qui joint celui-ci l'os de la cuisse. Cet os ressemble à un prisme triangulaire, il est creux & plein de moële, sa tête superieure est une épiphise fort inégale, il finit par en bas par trois éminences qui forment deux cavités semi-circulaires fort lisses; c'est pour former une charniere avec un os qui est dessous, que l'on nomme la poulie, parce qu'il ressemble asséz par-devant à cette machine.

Derriere la poulie est un os que nous avons nommé la pointe du jarret.

Sous ces deux s'en trouvent quatre autres petits qui sont les osselets.

Sous ceux-ci le canon un peu plus long qu'à la jambe anterieure. Les restans sont semblables à ceux des jambes de devant.

Tous ces os sont recouverts d'une membrane toute nerveuse fort tenduë, & par conséquent très-sensible que l'on nomme le perioste, c'est cette membrane qui fait ressentir une douleur si aiguë quand on reçoit un coup sur un os.

Le perioste du crâne a seul un nom particulier, & est formé par l'expansion de plusieurs filets nerveux & membraneux qui se détachant de la dure-mere au travers des sutures, vient par leur nouvelle réünion en une seule membrane former cette enveloppe autour des os de la tête & se nomme pericrâne.

DE CAVALERIE.

TRAITÉ DES MALADIES DU CHEVAL.

Disposé suivant le même ordre que l'on a tenu dans tout l'ouvrage précedent par rapport à la division qui en a été faite en avant-main, corps & arriere-main.

DES MALADIES de l'Avant-main.

Du mal de tête.

LE nom de cette maladie est un terme si général, que les Auteurs qui en ont traité semblent avoir choisi cette expression, plûtôt pour
D

sauver leur ignorance dans beaucoup de rencontres où ils voyoient un cheval tourmenté par des douleurs dont la cause leur étoit inconnuë, que dans l'intention de caracteriser une maladie particuliere. Je n'en veux pour preuve que les symtomes vagues & indéterminés, ausquels ils donnent à connoître cette maladie; & quand ils ont voulu donner quelque chose de plus précis, il se trouve qu'ils ont parfaitement décrit la maladie que l'on appelle ictericie ou jaunisse, qui n'est autre chose qu'une suffusion de bile universelle, moins sensible aux chevaux qu'aux hommes, en ce que la peau dans ceux-ci est imbibée de cette humeur prédominante & le cuir des autres ne peut à cause du poil rendre cette couleur sensible, ce qui fait que l'on ne peut appercevoir de jaune qu'au blanc des yeux & à la partie interne des lévres.

Les differentes sortes de remedes de genres differens & même opposés, employés dans les occasions où l'on a vû les chevaux attaqués de cette même maladie, font voir que l'on confondoit diverses maladies sous le même nom faute d'en bien connoître la nature.

Le mal de tête n'est donc pas maladie par lui-même; il n'est que le symtome d'un autre ou son avant-coureur, comme de la gourme, du feu dont il semble être le caractere particulier, & de plusieurs autres.

Du Feu.

Dans le feu, le cheval ne peut fianter, il a la bouche brulante, la tête lourde, pesante & abrutie. Il la laisse aller dans la mangeoire, le poil & le crin lui tombent, & il perd l'appetit, on nomme aussi ce mal de feu mal d'Espagne.

Le premier & le plus essentiel de

tous les remedes est de saigner promptement le cheval pour dégorger les vaisseaux de la tête qui sont embarrassés, je ne dis pas abondamment, parce que le cheval tombe souvent en foiblesse pendant la saignée dans cette maladie, mais on y supplée en réïterant frequemment cette operation, car elle est absolument nécessaire.

Une heure ou deux après la saignée, donnés à vôtre cheval une prise de poudre cordiale que vous prepareres ainsi.

Prenés baïes de laurier, regueliffe, gentiane, aristoloche ronde, mirte, raclure de corne de cerf, de chaque quatre onces, semence d'orties quatre onces & demi, hissope, agaric, rubarbe, cloux de gerofle, noix muscade, de chaque une once, pulverisés le tout & passés au travers d'un tamis fin, & gardés pour le besoin. La dose pour une prise est de deux onces infusées à froid pendant douze heures (quand on en a le tems) dans une pinte de vin blanc que vous faites avaler avec la corne au cheval, après l'avoir tenu, s'il se peut, bridé quatre heures auparavant, & le laissant autant de tems après.

Comme cette maladie est proprement une fiévre maligne, & qu'il y a un grand feu dans le corps du cheval, ce qui en fait donner le nom à la maladie, il faut tacher de rafraichir les entrailles le plus qu'il est possible ; c'est pourquoi il faut lui donner matin & soir un lavement, & lui faire manger en le débridant du son moüillé d'eau chaude, & le faire boire à l'eau blanche & chaude, en cas qu'il en veüille boire ; car il est des chevaux qui periroient plûtôt de soif que de boire ni eau blanche, ni eau chaude, en ce cas on la donne le moins froide que faire se peut.

Avant de donner au cheval un lavement, il faut avoir la précaution de le vuider ou déboucher (vous en trouverés la méthode au Traité des operations) afin que le remede puisse penetrer dans les entrailles & amollir les matieres qui y sont endurcies.

Pour faire un lavement emolliant prenés un picotin de son de froment & le faites boüillir dans deux pintes d'eau avec une livre de miel commun & deux onces de beurre frais, & y ajoûtés après avoir passé la décoction, un poinçon de vinaigre commun, ensuite vous frottés votre cheval par-tout le corps avec de l'eau-de-vie, puis lui mettés chaudement un drap inbibé dans une décoction d'un demi boisseau d'avoine que l'on aura fait boüillir dans cinq à six pintes de lie de vin avec trois chopines ou deux pintes de vinaigre.

Le lendemain réïterés la prise de poudres cordiales & continués le même regime.

Comme il n'est pas aisé d'avoir ces poudres cordiales par-tout ni dans le moment, il ne faut pas pour cela abandonner un cheval, & vous pourrés user du remede suivant.

Theriaque, deux onces miel de Narbonne & sucre en poudre, de chaque un quarteron, faites-en des pilules que vous ferés avaler au cheval.

Ou bien prenés eau de plantin & de chicorée sauvage, de chaque une chopine, sirop violat deux onces mêlés ensemble pour un breuvage que vous ferés prendre au cheval une heure ou deux après la saignée, observant le même regime & ayant soin de le bien couvrir & de le tenir chaudement.

Ou bien de celui-ci. Baume de copahu une once, sirop rosat deux onces, contrayerva en poudre fine deux gros, dans eaux de scorsonere, scabieuse, chardon benit & eau rose de chaque six onces.

Ou bien encore de celui-ci; eaux de scabieuse, scorsonere, chardon benit, plantin & eau rose, de chaque demi roquille, saffran du Levant deux scrupules, rubarbe un gros pour un breuvage que vous réïtererés le lendemain s'il en est besoin aussi-bien que le précedent.

Voici encore un autre procedé, & que l'on dit être très-efficace. Frotés vôtre cheval par-tout le corps avec du vin rouge & de l'huile d'olive chauffés ensemble, liés vôtre cheval la tête basse, couvrés-là & même tout le corps d'une bonne couverture. Faites rougir deux ou trois pierres assés grosses, versés dessus de l'huile d'olive de façon qu'il en reçoive toute la vapeur par-dessous la couverture, & particulierement par les nazaux, réïterés cette fumigation trois fois par jour pendant deux ou trois jours, & après la premiere fumigation faites-lui avaler trois demi septiers du sang tout chaud d'un mouton ou d'une brebis avec chopine de lait de vache tout chaud & autant de bonne huile d'olive. DU

DU MAL DES YEUX,
De la Fluxion & du coup sur l'Oeil.

Le mal des yeux se manifeste par une grande sensibilité, rougeur, chaleur & tension, que le cheval ressent dans cette partie, craignant même d'ouvrir l'œil à la lumiere qui le blesse, & est un corps dont l'impression est encore trop rude pour lui. On l'appelle d'un nom general Fluxion, parce que cette partie ne s'enfle que par l'amas & l'engorgement des humeurs qui viennent s'y rendre en affluence. Cette fluxion peut venir de cause interne, aussi-bien que de cause externe. On les distingue l'une de l'autre, en ce que celle qui vient de cause externe, comme de chûte, contusion, coup, ou blessure, fait en peu d'heures un progrès infini, & celle qui vient de cause interne, comme d'âcreté dans les humeurs, ou d'une trop grande abondance de sang ne croît qu'en plusieurs.

A moins que la meurtrissute ne soit violente ou compliquée ; c'est-à-dire, avec fracture, cette fluxion guerit aisément & promptement, en y appliquant les remedes convenables. Il n'en est pas de même de celle qui vient de cause interne. La cause en étant plus cachée rend la guerison de ce mal plus longue & plus difficile, c'est pourquoi il est à propos, autant que faire se peut, de se faire instruire par les personnes qui n'ont pas quitté de vûë le cheval, dès avant les commencemens de son mal, de l'occasion qui l'a fait naître, & des progrès qu'il a fait.

Si le cheval n'est pas lunatique, on ne risque point de le saigner au col, surtout si mal vient de cause externe, & si la contusion a été violente, & on lui bassinera l'œil avec une des eaux suivante.

Prenez Iris de Florence, en poudre fine, Sucre Candi, Eau-de-vie & de la Reine d'Hongrie, de chaque quatre cueillerées, Vitriol blanc deux gros, mêlés le tout dans quatre pintes d'eau de fontaine, lavés l'œil avec une éponge, de trois heures en trois heures, jusqu'à ce que vous voyés un amandement, puis continués de six heures en six heures si le mal diminuë, & enfin employés la suivante qui est plus simple.

Une cueillerée d'Iris de Florence & autant de Sucre Candi dans une pinte d'eau.

De toutes les fluxions provenantes de cause interne, la plus dangereuse, la plus difficile à guerir, & qui dépare le plus un cheval, est une espece de fluxion habituele sujete à revenir régulierement de tems à autre, qui donne au cheval le nom de lunatique.

Du Cheval lunatique.

L'on appelle un cheval lunatique celui qui est sujet à une fluxion sur un ou sur les deux yeux, dont le retour périodique au bout d'un ou plusieurs mois lui obscurcit tellement la vûë qu'il n'en voit aucunement pendant des jours entiers. La fluxion passée l'œil redevient aussi beau qu'auparavant, & il en voit aussi clair que jamais.

Les accès de ce mal paroissans avoir un cours aussi reglé que celui de la Lune, auront sans doute donné lieu de croire que celle-ci pouvoit y contribuer par ses prétenduës influences. Mais sans examiner si c'est à bon titre que l'on prend cet astre à partie, nous nous contenterons d'observer que cette maladie provient de l'abondance d'une humeur, laquelle n'acheve sa circulation & sa dépuration qu'au bout du terme limité de trente jours, de soixante ou de quatre-vingt-dix; en un mot, d'une ou plusieurs fois, le nombre de trente jours, soit en vertu de la configuration & méchanique des organes, soit par l'impression, si l'on veut, d'une cause supérieure. Cette maladie se distingue de la fluxion ordinaire, en ce que dans la périodique on remarque au-dessous de la prunelle une espece de couleur de feuille morte. Du reste, au retour périodique près, les accidens sont les mêmes. Inflammation à l'œil ou chaleur, enflure, obscurcissement sur la vûë, abondance de larmes, &c.

Quoique ce soit une perfection & pour la beauté & pour la bonté d'un cheval que d'avoir la tête séche. Il est pourtant un juste degré, passé lequel cette qualité dégénere en défaut. C'est pourquoi il ne faut pas s'étonner de voir des chevaux qui ont la tête fort séche, attaqués de fluxions lunatiques. Car quoique ce mal paroisse affecté aux têtes grasses, à cause de la grande humidité qui y abonde, & qu'elles soient plus sujettes, le dessechement & l'émaciation des autres produit quelquefois le même effet. L'œil manquant de nourriture, & avec l'organe, le cheval perd enfin l'usage de la vûë.

Cette remarque doit engager à faire une égale attention sur la vûë des têtes séches comme sur celle des grasses.

Dans cette espece de fluxion on ne doit point saigner les chevaux, mais on peut bien les purger. On ne le doit cependant pas faire d'abord, mais il faut pendant quatre ou cinq jours donner deux lavemens par jour au cheval, puis passer à la purgation, & lui laver les yeux avec l'eau décrite au Chapitre précedent, mais pour éviter la récidive, il sera plus sûr de lui barrer la veine du Larmier. Voyés la maniere d'y proceder aux opérations de Chirurgie qui sont à la fin de ce Traité.

Du Dragon.

Le Dragon est une tâche blanche qui vient au milieu de l'œil, s'étend insensiblement & couvre enfin toute la prunelle. Un coup peut en être l'occasion, ce mal peut aussi venir de cause interne; mais de quelque cause qu'il vienne, comme ce mal demanderoit plutôt une opération qui n'est pas aisée à faire à un cheval, qu'une simple application de remedes extérieurs qui ne peuvent agir sur le mal même, & que les chevaux ne sont pas des animaux patiens & tranquilles, on regarde ce mal comme incurable. Cependant les remedes décrits ci-dessus ne peuvent qu'en retarder le progrès, & on peut les éprouver.

De la Taie.

Les yeux des chevaux ne sont pas exemts d'une maladie qui n'est que trop commune parmi les hommes, que l'on nomme Taie ou Cataracte. Cette maladie est l'épaississement des liqueurs qui circulent dans le Cryſtallin ou dans la membrane qui l'enveloppe, où la formation d'une nouvelle membrane qui vient ſe jetter comme une toile à travers au devant de la prunelle, & obſcurcit par conſequent, & même fait perdre la vûë. Il y a peu de guériſon à eſperer par les mêmes raiſons qu'au Dragon. Cependant quand on s'en apperçoit dans ſon commencement il n'y a aucun danger de barrer la veine & de faire les autres remedes, mais ſi c'étoit ſimplement dans la cornée que fut l'épaiſiſſement ou dans l'humeur aqueuſe, comme il arrive à quelques-vûes graſſes, vous prenez du ſel marin que vous enfermez dans un morceau de bois d'Aune, creuſé exprès & rebouché, calcinez le tout, & quand le bois eſt en charbon, vous le retirez & en ſéparés adroitement votre sel que vous mettez en poudre, & avec le pouce vous en appliquez dans l'œil. Il n'y a point de vûë que ce remede ne nettoye, mais si le mal est profond, il ne peut pas l'emporter.

DE L'ETRANGUILLON
ou Esquinancie.

Ce que l'on appelle aux hommes esquinancie, attaque dans les chevaux les mêmes parties, qui font le siege de l'étranguillon : C'est pourquoi nous regardons l'une & l'autre comme la même maladie, d'autant plus que les accidens sont les mêmes dans l'homme & dans les animaux. Cette maladie est une inflammation des glandes maxillaires situées sous la portion de la mâchoire inférieure, que nous avons appellée la ganache, (ce creux formé par les deux côtés de la ganache, s'appelle l'auge ou la braye. Par la proximité cette inflammation se communique aux glandes voisines qui se trouvent situées à la base de l'os hyoïde, (c'est l'os du gosier) & même aux muscles qui environnent cette partie.

Les alimens trop chauds, comme le grain en trop grande quantité, le froid subit & glaçant d'une eau de puits ou de source donnée à un cheval arrivant en sueur où la trop grande fraîcheur du lieu où on lui laisse reprendre haleine, lorsqu'il est essouflé pour avoir été surmené, sont les causes les plus fréquentes de cette maladie.

Les accidens en sont violens, ces glandes resserrées, & la lymphe qui y circule congelée subitement par le froid qui a saisi cette partie empêchent les nouveaux sucs qui y abordent de s'y filtrer. La membrane qui enveloppe la glande déja tenduë & comme *crispée*, est obligée de se tendre encore, elle grossit & comprime la trachée artere qui est le canal de la respiration, & l'esophage qui est le passage des alimens, & cause une douleur, non-seulement vive, mais désesperante par la crainte continuelle que l'animal a de suffoquer à chaque instant, ce qui l'oblige à se veautrer & à se débatre comme s'il avoit des tranchées.

Quelquefois aussi elles accompagnent ce mal & sont suivies de rétention d'urine.

Ce mal est violent, dangereux, & demande par conséquent un prompt secours.

Il faut saigner le cheval aussi-tôt qu'on s'en apperçoit, le vuider & lui donner un lavement, réiterer la saignée de quatre heures en quatre heures, lui mettre du beurre frais dans les oreilles & lui étuver la gorge avec guimauve, graine de lin, aluine & feuilles de lierre terrestre de chaque une poignée bouillie en suffisante quantité d'eau de riviere.

Il faut réiterer ces fomentations

le plus souvent que l'on pourra, au moins cinq ou six fois le jour, & après chaque fomentation, frotter la gorge avec populeum, beurre frais & huile de laurier fonduës ensemble.

Des Avives.

Les avives sont une inflammation prompte & soudaine des glandes parotides. Ces glandes sont situées au-dessous de la base de l'oreille en descendant vers le coin de la ganache. Le cheval fait bien-tôt connoître qu'il en est incommodé par les violentes douleurs qu'il ressent, tant dans cette partie, que dans le ventre, parce que ce mal est toûjours accompagné de tranchées, & les tranchées de rétention d'urine, ce qui oblige le cheval à se tourmenter & à se débattre vivement. La réünion de ces deux accidens fait connoître que le mal principal est les avives; car il y a des tranchées sans avives, mais rarement des avives sans tranchées.

Il faut commencer par saigner le cheval au col, puis peu de tems après sous la langue, & dans l'intervale lui donner trois quarterons d'huile d'amandes douces avec demi-septier (pour un petit cheval) ou chopine (pour un cheval de carrosse) d'eau-de-vie, puis saisir entre les doigts ces glandes gorgées, les manier & écraser fortement, & les battre avec le manche du boutoir ou du brochoir pour les corrompre; car c'est une mauvaise méthode de les ouvrir. Après ces remedes on pourra lui donner deux onces de thériaque, un quarteron de miel de Narbonne & un quarteron de sucre, dans trois demi-setiers de vin.

Si le cheval continuë d'être tourmenté de tranchées, on peut le saigner aux veines du flanc, & lui donner un demi-septier de vin blanc, autant d'huile d'amandes-douces, deux gros de crystal minéral & un gros d'essence de therebentine.

Comme ce mal fait perdre l'appetit aux chevaux s'il duroit plusieurs jours, il faudroit faire avaler à votre cheval quatre jaunes d'œufs avec une muscade rapée, & un quarteron de sucre, dans une pinte de vin rouge pour le fortifier & le soûtenir.

De la Gourme.

Cette maladie est une dépuration de la pituite épaisse & visqueuse provenante de la qualité des nourritures que le poulain à euës, ou du climat daus lequel il est né.

Ce qu'il est aisé de concevoir en faisant attention que dans les Païs Méridionaux où l'air que l'on respire est plus sec, & les plantes sont moins chargées de phlegme ; les poulains & chevaux sont moins sujets à cette maladie que dans les Païs qui tirent plus sur le Nord, à qui cette maladie semble être particuliere.

Cette dépuration se fait ordinairement par maniere de dépôt sur les glandes qui sont situées sous la ganache, lesquelles s'engorgent considérablement & viennent quelquefois à supuration, quelquefois se dégorgent par les nazeaux sous l'apparence d'une mucosité fœtide.

Il est rare que les jeunes chevaux échapent cette maladie vers l'âge de trois ou quatre ans dans ce Païs-ci, & les deux manieres dont nous venons de dire que se terminoit cette maladie ; sçavoir, par supuration ou en jettant par les nazeaux sont les deux plus favorables ; car il arrive quelquefois qu'un cheval jette sa gourme en maniere de pus par diverses parties, par une épaule, par un jarret, par-dessus le roignon, par un avant-cœur, par un pied, &c.

La principale vûë que l'on doit avoir dans la cure de cette maladie est de le faire jetter par les nazeaux, ou de le faire supurer la glande sous la ganache, autant que faire se peut.

Quand un cheval jette imparfaitement, il eſt rare qu'il porte ſanté, juſqu'à ce que cette maladie revienne dans un âge plus avancé, à ſix ou ſept, même à dix & douze ans, c'eſt ce qu'on appelle fauſſe gourme.

Pour prévenir cet accident, quand il paroît diſpoſé à jetter, il faut lui faire un breuvage avec eau de ſcabieuſe, ſcorſonere, charbon benit, roſe & chicorée amére & vin blanc, de chaque un demi-ſetier, y délayer une once de confection hyacinte & le faire avaler, après l'avoir laiſſé cinq heures au filet, & l'y laiſſant autant de tems après.

En le débridant donnez-lui du ſon moüillé d'eau chaude, & le faites boire tiéde & à l'eau blanche.

Donnez-lui matin, & ſoir le lavement émollient, décrit à la page 46. chap. du Feu, & lui ſeringuez pluſieurs fois par jour dans les nazaux de l'eau-de-vie battuë avec huile d'olive, ou bien enduiſez
d'huile

d'huile de laurier, une plume d'oye, saupoudrez le tout de tabac ou de poivre, & le mettez dans le nez du cheval, ayant soin d'attacher ce plumeau au licol avec un fil, mettez le cheval au mastigadour pendant deux heures, & réïterez le lendemain. Le troisiéme jour au lieu de poivre ou de tabac, usez d'ellebore en poudre, jusqu'à ce qu'il cesse de jetter.

Si la tumeur sous la gorge est si considerable qu'elle paroisse plutôt disposée à supurer qu'à se dégorger par les nazaux, frottez-la tous les jours avec parties égales d'huile de laurier & de beurre frais & le double d'altheâ, mêlez à froid. Tenez le cheval couvert & chaudement, & enveloppez-lui la gorge avec une peau de mouton la laine en dedans, pour achever d'évacuer l'humeur qui cause cette maladie, & dont le moindre reste est un levain qui produit par la suite une fausse gourme, qui n'est pas moins difficile à gue-

E

rir que la gourme simple.

Si la tumeur ne paroît pas disposée à bien supurer, prenez un verre d'huile d'olive commune, deux onces d'huile de laurier, deux onces de beurre frais, & la grosseur d'une petite noix de poivre, & plein la coquille d'un œuf de vinaigre. Faites fondre le beurre & les huiles, quand elles boüillent, jettez le poivre, &c. & faites avaler le tout tiéde par les nazaux à votre cheval. Ce remede peut causer des batemens de flancs, mais qui se dissipent au moyen de lavemens émollients que l'on réïterera deux fois par jour, ce remede est si efficace qu'il guériroit une morve commençante, c'est pourquoi on le donne dans la gourme ou fausse gourme, quand on a le moindre soupçon de morve on peut réïterer ce remede jusqu'à quatre fois, laissant quatre jours d'intervale entre chaque prise.

Quand un cheval jette beaucoup & qu'à cela près il boit & mange bien, & que l'on soupçonne la morve, donnez-lui cinq à six fois, de cinq en cinq jours, deux onces d'huile d'aspic pure.

De la fausse Gourme.

Cette maladie est alors beaucoup plus considérable qu'auparavant, d'autant qu'aux accidens décrits dans la gourme se joignent la fiévre, une difficulté de respirer & de grands battemens de flanc, par où commence cette maladie & par où on la distingue de la morve. Mais le cheval n'en est pas moins en danger, sur-tout quand il vient de nouveau à jetter par le nez; car dans cet âge avancé, la dépuration ne s'y fait plus avec tant d'aisance, & l'on aura beaucoup plus de ressource dans la supuration, en ce que la tumeur à cet âge n'est pas toûjours sous la ganache, mais quelquefois à la partie externe de l'os de la ganache au même endroit où viennent les avives.

Il faut dans cette maladie user de beaucoup plus de lavemens que dans la précédente, & beaucoup plus long-tems, ensuite user des eaux cordiales ci-devant prescrites, s'il peut lever la tête, & procurer s'il se peut une loüable supuration, pour mettre le cheval en sûreté.

DU RÛME
ou Morfondement.

Ce que l'on appelle Rûme dans les hommes, s'appelle morfondement parmi les chevaux, le terme de rûme n'y étant point en usage. Cette maladie a ses accideus, tellement semblables aux précédentes, qu'on ne la peut aisément distinguer; car le cheval paroît triste, dégoûté, tousse, jette aussi par les nazaux une pituite âcre, gluante, blanche, ou verte, & a les glandes engorgées sous la ganache, aussi-bien que dans les maux dont nous venons de parler. Il s'y joint quelquefois une fiévre assez violente, la respiration s'embarrasse, & il paroît en grand danger de suffoquer. On la distingue pourtant en ce que le gosier devient dur & sec au toucher. Cette maladie ne laisse pas d'être périlleuse & quelquefois longue.

Elle dégénere fort bien en mal de cerf & le col lui devient roide & les dents serrées de façon qu'il n'est point de force qui lui puisse ouvrir la bouche, comme vous le verrez au Chapitre du mal de Cerf.

Il faut donc aussi-tôt qu'on s'apperçoit de la tumeur sous la ganache, la lui froter avec quelque onguent qui l'excite à jetter, faites si vous voulez le suivant.

Prenez huile d'olive, huile de laurier, beurre frais, de chaque une once, onguent d'althæâ deux onces mêlés à froid en consistence d'onguent, s'il y a fiévre donnez le breuvage décrit à la Gourme page 62. avec les mêmes précautions, & lui donnés en le débridant du son mouillé d'eau chaude, & qu'il boive aussi à l'eau blanche chaude.

Et donnés aussi des lavemens émollients chaque jour, quoique plusieurs personnes qui se mêlent de chevaux aiment mieux les laisser crever que de leur en donner dans le morfondement; car l'experience nous convainc qu'ils y font bien, & la raison nous en persuade, servés-vous de la description émolliante donnée au feu, page 46.

* S'il n'y a point de fiévre, donnés-lui une prise de la poudre cordiale décrite aussi au feu, page 44.

De la Morve.

Nous mettons la morve à la suite de ces maladies, parce qu'elle leur succede quelquefois, quand elles ont été negligées ou maltraitées, & que les symptômes en sont fort semblables. Cette maladie a beaucoup de raport à celle des hommes que l'on nomme pulmonie ou phtysie; car à la toux près, que les chevaux n'ont point ordinairement dans ce mal, le siege de cette maladie paroît être un ulcere dans le poumon, quoiqu'on trouve dans cette maladie des ulceres, dans d'autres parties, comme le foye, la rate, les reins.

Cette maladie se reconnoît à un écoulement qui se fait par les nazaux d'une humeur visqueuse, tantôt blanche, tantôt rousse, d'autrefois jaune ou verdâtre, joignés à ce signe l'engorgement des glandes sous la ganache, lesquelles deviennent douloureuses & adhérentes à l'os. Quand même elles ne seroient pas adhérentes, si elles sont douloureuses, grand préjugé de morve.

On remarque communément que dans la morve les chevaux ne jettent que d'un côté, & que dans le morfondement ils jettent des deux.

L'on fait encore une épreuve, c'est de jetter dans un verre d'eau claire de l'humeur qui coule, par le nez du cheval, & de la broüiller. Si cette mucosité ou morve se précipite au fond du verre, comptés que c'est du pus, si elle surnage il y a lieu de croire que ce n'est qu'une lymphe épaissie, quelquefois même on y remarque quelque trace de sang. Quand vous voyez ce signe, comptez-la pour incurable.

On connoît encore qu'un cheval est morveux par cette épreuve, vous trempez dans de fort vinaigre un morceau de linge ou un plumaceau, & lui fourrez dans les nazaux s'il s'ébroüe (c'est l'éternuëment du cheval) il n'est point morveux, du moins confirmé ; car il n'oseroit faire un mouvement si violent s'il y avoit ulcere dans les nazaux. S'il ne s'ébroüe point par consequent on le regarde comme morveux.

Cette maladie est périlleuse pour le cheval, mais elle est encore très-dangereuse dans une écurie, & se communique aisément, même par l'air l'air que les chevaux respirent. Ainsi la premiere chose que l'on doit faire est de séparer des autres un cheval atteint de cette maladie, ensuite vous lui ferez prendre le remede suivant en breuvage.

Prenez trois têtes d'ail, une poignée de graine de geniêvre, un demi verre de suc de bryone, pilés le tout ensemble, prenés outre cela poivre battu & gingembre en poudre, de chaque une once, canelle & clou de gerofle batu, de chaque une once & demi, & deux cueillerées de bon miel, mettés infuser le tout dans une pinte de vin blanc, & passés la liqueur. Faites infuser d'un autre côté une demi-once de bon tabac dans un verre de vin blanc, passés & mêlés les deux infusions que vous ferés prendre au cheval, & aurés soin de le mener immédiatement après au trot & au galop, pendant un quart-d'heure. Il faut qu'il soit deux bonnes heures devant & autant après sans man-

G

ger ni boire. Ayés foin de le faire bien couvrir. Ce remede eſt violent & le cheval en eſt à l'extrêmité, c'eſt pourquoi on ne le donne que quand la morve eſt bien mauvaiſe. On s'en fert auſſi pour le farcin.

En voici un autre qui eſt plus doux; prenés deux onces de Mercure coulant que vous faites amalgamer avec ſuffiſante quantité de fleurs de ſouffre, dont on fait des pillules avec du beure. Au bout de huit jours donnés-lui de nouuelles pillules, & ainſi de huitaine en huitaine.

Ou bien donnés-lui chopine de vin émétique de deux jours l'un, pendant quinze jours, mais malgré tous ces remedes, tenés le mal pour peu invéteré qu'il ſoit, pour incurable.

DU LAMPAS
ou Féve.

Le lampas eſt une tumeur de la

grosseur d'une noisette, qui se forme à l'extrêmité antérieure de la mâchoire, supérieure sous les pinces. Cette grosseur cause de la douleur au cheval en mangeant, particulierement lorsqu'il mange du grain. Comme ce mal ne s'en va pas de lui-même on est obligé de l'ôter, même aux jeunes chevaux, quoique les dents de lait ne soient pas encore tombées. Cela se pratique avec un fer rouge fait exprès pour cet usage, qui est plat par le bout & large comme une piece de douze sols. On a soin de lui metre auparavant dans la bouche un pas d'âne envelopé dans du linge, pour lui tenir la bouche ouverte, de crainte de le blesset. Il faut beaucoup d'adresse dans le Maréchal qui fait cette opération, premierement, pour la faire en une seule application du fer chaud, secondement, pour ne pas cauteriser jusqu'à l'os, ce qui arrive quand on y revient à deux fois.

Quand les dents de lait sont tombées, on fait cette opération encore plus hardiment.

Barbillons.

On appelle barbillons de petites excroiſſances charnües qui naiſſent au-deſſous de la langue aux deux côtés, à deux doits au-deſſus des crocs d'enbas. La guerison de ce mal dépend de l'adreſſe d'un Maréchal à introduire des ciſeaux longs ſous la langue du cheval & à emporter d'un ſeul coup cette excroiſſance à droite & à gauche ſucceſſivement, & enſuite frotter ſi l'on veut avec poivre & ſel.

Des Surdents.

L'on appelle ſurdents des dents mâchelieres, qui croiſſant plus que les autres voiſines, bleſſent le palais ou les gencives par leur longueur.

Le remede eſt de renverſer le

cheval par terre, si l'on n'est pas en commodité de le mettre dans un Travail, lui mettre un pas d'âne dans la bouche, lui caffer avec un gouje & un grand fer qui fert de marteau, cette excroiffance offeufe ou du moins l'évuider, s'il fe peut, & lui faire ronger le carreau enfuite, pour unir les afperités de la dent caffée.

Il arrive quelquefois aux premieres dents, au-deffus des crochets, qu'elles s'allongent confidérablement & reffemblent à des dents de Loup. On les coupe avec les triquoifes.

La même chofe arrive aux crochets, mais plus communément à ceux d'en-bas, on eft obligé de les rogner de même.

DES BARRES
& de la Langue bleffées.

Les barres ne fe trouvent pas feulement bleffées, lorfqu'on eft obligé de se servir du pas d'âne, dont nous avons parlé dans l'opération précédente, mais un Cavalier qui a la main dure, un mors trop rude, & un coup porté par accident sur le mors ou sur les barres mêmes, peuvent y faire des écorchures, des blessures, & entamer jusqu'à l'os, & en faire sauter des esquilles. On peut juger par la cause de l'accident combien la plaie est considérable. Si la cause n'en est pas connüe, il faut examiner s'il n'y a point pouriture & puanteur dans la plaie, ce qui en fait un ulcere. Cela se connoît facilement en portant le doigt dans la plaie, & de-là au nez. Il faut chercher aussi s'il n'y a point d'esquille enlevée ou éclatée. Lorsque l'os paroît sain & entier, & qu'il n'y a point de puanteur, il suffit de frotter avec du miel rosat, s'il y a pouriture ou quelque chose d'éclaté, il faut y metre du sucre Candi en poudre ou du sucre commun.

Quand à la langue, si elle se trouve blessée, le repos & un mors plus doux, en cas que l'on soit obligé de s'en servir précipitamment, la rétabliront en la frotant avec du miel rosat.

Si la bouche étoit fort échauffée, on pourroit piler de l'éclaire avec du verjus & un peu de sel, & quelques goutes d'huile, & en froter la bouche. Quand il vient sur la langue un limon épais, que l'on appelle communément chancre, on la frote avec poivre, sel & vinaigre.

DU PISSANESSE
ou Pinsanesse.

On trouve dans quelques Auteurs une maladie qui est peu commune dans ces Païs, puisque, non-seulement nous ne l'avons jamais vûë, mais des Maréchaux, pendant plus de cinquante années d'expérience n'en ont jamais entendu parler.

G iiij

C'est une maladie de l'avant-main tout à la fois & de l'arriere-main. Le mal commence par une demangeaison considérable sous le pied, & le cheval ne pouvant se dispenser d'y porter la dent & même la langue, ce mal se communique avec une telle subtilité qu'il en perd l'appétit sur le champ. La langue lui devient toute noire, & tombe en 24. heures. Nous ne sommes point garants de ces faits, mais nous les trouvons rapportés par divers Auteurs qui donnent, comme de concert, le même remede pour ce mal. C'est de le saigner d'abord à la pince du pied malade, puis lui laver la langue avec sel & verjus, & enfin le saigner de la langue, & ils assûrent que le cheval guérira miraculeusement.

Du Tic.

Il y a deux sortes de Tics, l'un est naturel, & l'autre provient d'une mauvaise habitude.

Le tic naturel, ou qui vient de naissance, est un mouvement involontaire des muscles de certaines parties, comme des yeux, de la mâchoire, ou du col, lesquels agissants sans le consentement de l'animal lui font faire des mouvemens qu'il n'est pas le maître d'empêcher. L'on voit des hommes sujets à cette premiere espece de tic, mais elle est sans remede.

La seconde espece de tic est une mauvaise habitude que les chevaux contractent. Parmi une infinité de ces mauvaises habitudes, qu'il seroit trop long de rapporter, la plus commune est de ronger la mangeoire, & comme les uns la rongent plus volontiers avec la mâchoire supérieure, les autres avec l'inférieure; c'est ce qui fait que les uns ont les dents d'en haut plûtôt usées, les autres celles d'en bas. Ce défaut vient de ce que les chevaux étans jeunes & sentans du mal aux dents qui percent les gencives se sont acoûtumés à ronger le bord de l'auge, pour faire passer cette demangeaison; ou bien ils contractent ce défaut pour l'avoir vû faire à d'autres. Il résulte beaucoup d'inconvéniens de cette habitude. Le premier est, qu'ils perdent une grande partie de leur avéne. Le second est, qu'ils prennent beaucoup de vents, ce qui non-seulement les fait roter continuellement, ce qui est très-désagréable à entendre, mais encore leur donne souvent des tranchées, dont ils peuvent mourir. Il en est qui rongent continuellement leur longe & la coupent, à ceux-là il suffit de leur mettre une chaîne. D'autres mordent tout ce qui se présente à eux, & ceux-là sont les plus dangereux, & la correction leur est necessaire. Pour ceux qui tiquent sur l'auge, on la frote avec du fiel, ou de la fiente, ou bien on y met des lames de cuivre ou de fer, mais le plus sûr est de leur donner leur avéne dans un sac, &

les attacher court & haut à un anneau de chaque côté.

Du mal de Cerf.

Cette maladie est une espece de rûmatisme universel, qui tient le corps roide dans toute son étenduë, mais particulierement le col & les mâchoires, de sorte que le cheval ne peut manger, & est autant en danger de mourir de la faim que de son mal. Dans cette maladie il tourne les yeux par un mouvement convulsif, comme s'il alloit mourir, de sorte qu'on n'en voit que le blanc, & il a par intervale des batemens de cœur & de flancs si grands, qu'on croiroit qu'il va mourir. En maniant le col on le sent roide & tendu, & la peau aride. La fiévre accompagne cette maladie qui est souvent mortelle, & demande un prompt secours.

Il faut donc le saigner promptement à la veine du col, & réïterer la saignée pendant douze à quinze heures, d'heure en heure, ou au moins de deux heures en deux heures, n'en tirant qu'un verre environ à chaque fois; donnés à votre cheval des lavemens émolliens tous les jours, (page 46.) & frotés-lui la mâchoire & le col, si le mal ne le tient que dans ces parties, avec une composition de moitié eau-de-vie & moitié huile de laurier, & autant d'onguent d'althæâ.

Mais si le cheval en est attaqué par-tout le corps, trempés un drap dans l'eau-de-vie, ou si le cheval n'en vaut pas la peine, dans de la lie de vin chaude, & lui en envelopés tout le corps après le lui avoir froté avec la composition précédente, & le couvrés bien.

Si le cheval n'a point de fiévre, donnés-lui le quatriéme jour de la maladie, le matin à jeun, une prise de poudre cordiale (page 44.) & le faites boire à l'eau panée.

Et au cas que le cheval eut la

fiévre; donnés-lui le breuvage d'eaux cordiales (page 64.) & le foir un lavement.

Lorſque le cheval commencera à fianter des matiéres liées & épaiſſes, ceſſés breuvage, poudre & lavement, & le mettés à l'uſage d'une bouillie faite avec la farine d'orge; & l'eau bien cuite & bien claire, donnés-lui en une pinte, & prenés garde qu'il ne perde haleine en l'avalant.

Il ne faut pas oublier le feu dans cette maladie. On paſſe un bouton de feu ſur le haut de la nuque, près du toupet, avec un fer gros comme le doigt, & de la longueur du doigt, on y fait entrer un plumaceau enduit d'un liniment fait avec une once d'huile de therebentine & une cueillerée de verd de gris en poudre; vous en paſſés une couple au-deſſus des oreilles, mais à ceux-là vous y paſſés un feton enduit du même liniment ou de ſupuratif, ou de quelqu'autre digeſtif.

Si le train de derriere est entrepris, passés au troisiéme nœud de la queuë, en remontant un bouton de feu, & y mettés un plumaceau enduit du même onguent.

Si les machoires se serrent trop, metés-lui un billot gros comme le poignet, enveloppé d'un linge chargé de miel pour lui faire ouvrir la bouche avant qu'elle soit tout-à-fait serrée, & pour lui metre de tems à autre la machoire en mouvement, jusqu'à ce qu'il mange.

Vous pouvez pour lui frotter les machoires, vous servir de l'onguent pour la nerfoulure, ou onguent des nerfs, dont voici la description.

MANIERE DE FAIRE
l'Onguent des Nerfs.

Prenés des fleurs de romarin, de lavande, de millepertuis, de camomille & de melitot, de chaque une poignée, & mettés dans un grand matras, versés dessus une pinte d'esprit de vin bien rectifié, mettés par-dessus un vaisseau de rencontre, que vous lutterez bien, puis vous mettrez votre matras au bain-marie, ou sur du sable chaud, & l'y laisserés vingt-quatre heures, remüant de tems en tems pour en faciliter la teinture, prenés d'autre part chamœpitis, marjolaine, romarin, menthe, ruë, lavande, de chaque une poignée, geniévre verd, deux onces, baies de laurier, racine de pirethre & mastic, de chaque une once, benjoin, demi-once, castoreum & camfre, de chaque trois gros, pilés chacune de ces drogues séparément & les metés ensemble dans un nouveau matras luté de même que le premier avec son vaisseau de rencontre sur un bain de sable, ou bain-marie, & le laissés vingt-quatre heures de même, remüant de tems à autre, pour en tirer une forte teinture. Au bout des vingt-quatre heures mêlés dans un troisiéme matras vos deux teintures que vous verserez par inclination, & y ajoûterés une livre de savon marbré, coupé bien menu, couvrés d'un vaisseau de rencontre, lutés & metés de nouveau à un bain de sable ou bain-marie, remüant de tems en tems, jusqu'à ce que le savon étant parfaitement dissout, le tout soit en consistence d'onguent. Cet onguent est excellent, non-seulement pour les nerferures de vieil, pour les entorces & foulures, mais encore pour les efforts d'épaule & de hanches.

Du Vertigo.

Le vertigo est aux chevaux ce que l'on appelle aux hommes délire, ou phrenesie, ou transport; il en est aux uns comme aux autres, de deux especes, l'un tranquile & l'autre furieux.

Dans le premier, le cheval met la tête entre les jambes, va toûjours droit devant lui, sans se détourner.

Il

Il paroît avoir les yeux renversés, & va donner de la tête au mur, parce qu'il ne voit pas, & même se laisse tomber fort rudement par terre dans son étourdissement.

Cette maladie se traitte à peu près comme la précédente, on saigne le cheval de trois en trois heures, on lui met de même des boutons de feu, ensuite on lui applique une peau de mouton toute chaude sur la tête, & on le frotte avec les mêmes onctions, & on lui donne les mêmes poudres cordiales.

Pour le vertigo furieux, c'est une espece de rage, & l'on ne peut approcher de lui sans beaucoup de péril, le cheval ne veut, ni boire, ni manger, il se débat, il se frappe la tête contre les murs, & paroît comme désesperé, s'il est échapé il cause de terribles désordres. Des Auteurs prétendent que ce vertige vient d'un ver qui prend naissance dans la queuë, & qui monte toûjours le long de l'épine du dos jusqu'à la tête, où étant parvenu il cause tous ces ravages lorsqu'il vient à toucher la dure-mere; mais cela n'a pas d'apparence, & les maladies qui attaquent le genre nerveux sont capables de produire cet effet. Il est assez inutile de donner des remedes pour le mal, parce qu'on ne peut approcher du cheval, cependant si on le pouvoit, la saignée jusqu'à défaillance, les lavemens rafraîchissans & purgatifs, & les onctions précédentes, y pourroient donner du soûlagement.

Du mal de Taupe.

Ce mal vient aux chevaux qui tirent au collier, préférablement aux chevaux de selle ou de harnois. Il vient sur le sommet de la tête, entre les deux oreilles. Les autres chevaux peuvent pourtant gagner ce mal lorsqu'ils tirent trop au licol. Cette tumeur excede quelquefois la grosseur du poing & est remplie de sang extravasé ou d'eaux rousses, s'étend tout du long de la criniere & gagne beaucoup de terrain en peu de tems. Il faut commencer par saigner promtement le cheval pour empêcher que le dépôt n'augmente, & réïterer même la saignée, puis raser le poil & metre dessus toute la tumeur une charge avec poix, therebentine, farine, saindoux, huile de laurier, & vieux oingt; ou bien servés-vous d'onguent de Montpelier. On purge, après quelques jours, le cheval & on réïtere la purgation de tems en tems; car ces maux sont longs, & on en a vû durer plus de six mois.

Outre la charge que l'on applique sur la tumeur, on y passe encore au travers un bouton de feu de la grosseur du petit doigt qui perce d'outre en outre, & ensuite un séton chargé d'un bon digestif. Comme de supuratif, therebentine & jaune d'œufs cruds, le lendemain vous bassinés la place avec de l'eau tiéde, & frotés avec une teinture d'aloës que vous faites, en mettant diffoudre de l'aloës dans l'eau-de-vie, ou bien au défaut de cette teinture ufés d'oxycrat tiéde. Il faut prendre garde que le cheval ne s'écorche en fe frotant, puis vous jetés deffus la plaie de l'os de feiche en poudre, ou de la colofone, ou des os calcinés, ou de la favate brûlée, ou bien vous vous fervez d'Egyptiac.

TUMEURS ET BLESSURES fur le Garrot.

L'une & l'autre viennent ou de coups ou de morfures de chevaux entr'eux, ou plus fouvent, de ce que la felle dont les arçons font entreouverts, a porté deffus, ou le couffin du harnois. Quand ce mal eft negligé, de fimple plaie il devient ulcere.

Si c'eft une fimple foulure fur le garot fans écorchure, & qu'il n'y ait pas lieu de soupçonner une extravasation de sang, mettés dessus un liniment d'huile de laurier althæâ & eau-de-vie, avec l'essence de therebentine & le basilicum.

Mais s'il y avoit ulcere, & qu'il fut invéteré, faites dessus une incision cruciale, c'est-à-dire, donnés un égoût de chaque côté à votre ulcere, & par-dessus faites une incision longitudinale, puis prenés urine d'homme, deux pintes, sel un literon, alum pilé, quatre onces, mettés le tout dans un grand poëlon qui tienne au moins quatre ou cinq pintes, parce que la liqueur monte beaucoup sur le feu, & remués toûjours avec une petite cueillere de bois, prenés de cette liqueur pendant qu'elle bout, & avec votre cueillere de bois versés-en toute boüillante dans le garrot, réïterés le lendemain & laissés la plaie sept à huit jours sans y toucher. Il est rare que vous soyez obligé d'en venir à une troisiéme projection.

que vous pouvez cependant faire si la necessité le requiert, mais il suffira, suivant les apparences, de mettre dessus de l'égyptiac pour mondifier & secher l'ulcere, & empêcher que le cheval ne se frote.

Bien des personnes se servent, pour les simples foulures ou écorchures, du lappa major ou bardane qu'ils appliquent dessus, ou bien de la morele.

On peut se servir encore de ce remede, dont nous venons de donner la description, pour les ulceres & blessures sur le roignon.

DE L'EFFORT D'EPAULE
ou du Cheval entr'ouvert ou faux Ecart.

Quelques Maréchaux se trompent souvent à cette maladie, quand ils ne sont pas instruits de sa cause, en traittant dans le pied un mal qui a sa source plus haut, comme ils voyent un cheval boiter ils passent plusieurs jours à y mettre diverses charges, remolades, &c. puis parlent de le dessoler, & au bout de plusieurs semaines s'avisent enfin que le mal pourroit bien être dans l'épaule. C'est pourquoi, lorsque l'on voit un cheval boiter, il est d'une très-grande importance de chercher quelle en est la cause ; car il y en a une infinité qui peuvent occasioner cet accident. Un clou de rüe, un chicot, un morceau de verre ou de grès qui aura percé la sole, & même le petit pied, une atteinte que le cheval se sera donné en courant ou qu'il aura reçû ; toutes les maladies de jambe & de pied, dont nous parlerons dans la suite & plusieurs autres, sans compter le mal d'épaule, peuvent le faire boiter.

Voici les signes les plus ordinaires pour reconnoître ce dernier lorsque l'on n'a point été témoin de l'accident. Premierement, voyant le cheval ne s'apuïer bien que sur trois jambes, il faut examiner le pied qu'il leve, la fourchette & la sole, & faire lever le fer pour voir s'il ne cacheroit point le mal, ou s'il ne le causeroit pas lui-même par être trop serré, ou par quelque clou qui serreroit trop la veine, ou le petit pied, &c. puis avec des triquoises pincés la sole & le sabot tout autour, après avoir fait parer le pied. Si le cheval ne feint point à toutes ces cérémonies, examinés le paturon & le boulet, voyés s'il n'y a point d'entorse, passés la main le long du nerf en remontant vers l'épaule, & ne trouvant mal ni douleur jusques-la, frotés-la un peu rudement en pressant avec la main. Le cheval pourra alors témoigner quelque douleur, d'où vous pourrez conjecturer que cette partie est le siege du mal. On a coûtume de faire promener un cheval un espace de tems un peu considérable, quand il paroît boiter, pour l'échauffer & lui dénoüer les épaules s'il arrive

qu'après

qu'après cet exercice il ne boitte plus, on en conclut que le mal étoit dans l'épaule, & cela eſt vrai. Mais s'il boitte plus fort il ne faut pas conclure que le mal ſoit dans le pied neceſſairement. Cela arrive cependant d'ordinaire, mais quand le mal d'épaule eſt un peu conſidérable, il ne fait qu'augmenter par cet exercice, & fait boiter le cheval tout bas, auſſi-bien que s'il avoit mal au pied.

La plus ſûre maniere pour connoître le mal d'épaule, c'eſt de faire troter le cheval en main quelque pas, & d'examiner comme il porte tout le corps de la jambe malade, ſi au lieu de porter tout le corps de la jambe ſur une ligne droite en avant, il prend un cercle pour y arriver, ce mouvement qui s'appelle faucher eſt le ſigne le plus certain que le mal eſt dans l'épaule, & ſi vous examinés bien votre cheval vous le reconnoîtrez infailliblement peu ou beaucoup, en cas qu'il soit atteint de ce mal, & de plus il traîne la pince comme s'il étoit débouleté quand il marche, & quand il est reposé, il a toûjours la jambe malade en l'air & en avant.

Cet accident arrive souvent pour une chûte ou pour un effort que le cheval a fait pour se retenir & empêcher la chûte. Il met dans cet effort en contraction les muscles extérieurs de l'omoplate & de l'épaule, & écarte ainsi des côtes les os de l'épaule qui doivent y être unis. Par cet écart il se déchire des parties fibreuses qui laissent suinter des goutes de limphe & de sérosité qui forment des bouteilles d'eau qui devenuës, par leur extravasion, corps étrangers incommodent considérablement le cheval & empêchent la réünion de ces parties, & même y attirent une fluxion de nouvelles humeurs.

Il faut donc commencer à saigner le cheval à l'ars, recevoir son sang dans un vaisseau & le remüer avec la main, de peur qu'il ne se grumele, y mêler un demi-setier d'eau-de-vie & en faire une charge sur l'épaule.

Si c'est un cheval de prix, au lieu de son sang, mêlés avec l'eau-de-vie du baume ardent, ou bien mêlés parties égales d'essence de therebentine, d'eau-de-vie & d'huile d'aspic.

Si ces remedes ne suffisent point, vous réitererés la saignée & vous passerés un séton au dedans de l'épaule du cheval & non au palleron, & le suspendrés ou le retiendrés au ratelier, de façon qu'il ne puisse se coucher de quinze jours, afin que les humeurs que le séton ou l'ortie fera sortir puissent avoir leur écoulement. Le cheval étant obligé de demeurer long-tems sur ses jambes courroit risque de devenir forbu si l'on n'avoit soin de le saigner de tems en tems.

On peut, au lieu du séton ou de l'ortie, appliquer une roüe de feu sur la noix (on appelle la noix le joint de l'humerus avec l'omoplate.) Il y a un inconvénient, c'est que le cheval en demeure marqué toute la vie, mais aussi ce remede est plus efficace que le séton.

DE L'ECORCHURE entre les Ars, ou du Cheval frayé entre les Ars.

On appelle un cheval frayé entre les ars, lorsqu'il est écorché dans le pli de cette partie. Ces deux termes signifient la même chose ; cet accident, qui est fort leger, arrive quand un Palfrenier n'a pas soin de netoyer cette partie qu'ils oublient fort souvent, & que le cheval a le cuir tendre, ou à la suite d'un long voyage.

Le remede est de prendre parties égales de graisses de roignon de mouton & du miel, & d'en faire un onguent à froid que vous appliquez sur le mal, & de tenir ensuite la partie nette pour éviter la récidive.

DE L'ANCŒUR, *Avant-Cœur, ou Anti-Cœur.*

C'est une tumeur contre nature, formée par un amas de sang extravasé à la partie antérieure du poitrail.

Cette tumeur approche de la nature du bubon pestilentiel.

La tristesse du cheval, les batemens de cœur, la fiévre ardente & les défaillances jusqu'à tomber par terre, aussi-bien que le dégoût universel en font les simtômes.

Il faut tâcher de faire venir cette matiére à supuration. C'est pourquoi il faut appliquer sur la tumeur une charge composée avec un literon de farine, une demie-livre de poix noire, autant de poix blanche, demie-livre de therebentine, un quarteron d'huile de laurier, avec une demie-livre de sain-doux ou vieux oing, faites cuire le tout à petit feu & chargés le cheval.

On peut se servir aussi de l'onguent de Montpelier, mais comme il est trop coûlant il faut le corporifier avec suffisante quantité de poix.

De la Loupe.

La loupe est une tumeur molle & indolente dans son commencement, enfermée dans un kiste ou dans une poche, laquelle grossit insensiblement & est située entre le cuir & les muscles aux environs des parties membraneuses. Ces sortes de tumeurs renferment ordinairement des humeurs glaireuses, quelquefois une matiere semblable à du plâtre, quelquefois à du suif, quelquefois une matiere charnuë, & quelquefois d'une autre nature.

Quand cette tumeur roule aisément sous la peau, on peut esperer de la fondre ou résoudre, mais quand elle est adhérente, cela est beaucoup plus difficile. Cette tumeur apporte plus de difformité que d'incommodité réelle, à moins qu'elle ne soit située sur quelque articulation, & que par ce moyen elle n'empêche l'action & le mouvement.

Les Maréchaux connoissent peu cette espece de louppe qui vient indifféremment sur toutes les parties du corps, mais voici la maladie à laquelle ils donnent ce nom, quoiqu'elle ne soit rien moins qu'une loupe.

Il est des chevaux qui se couchent en vaches, c'est-à-dire, les jambes sous le corps. Lorsque les éponges du fer sont trop longues, elles blessent le coude & le meurtrissent si considérablement, que peu d'heures après on trouve un ékymose fort grande, (on appelle ékymose une extravasation de sang, ou épanchement de sang hors des vaisseaux) & une tumeur qui se voit quelquefois égale en grosseur à la tête d'un homme, cette loupe est fort dangereufe & veut un prompt fecours, il faut d'abord déferrer le cheval & rogner toutes les éponges quand on voudra le ferrer de nouveau. Il faut le faigner, parce qu'ordinairement dans ce mal il eft entrepris de tous fes membres, & employer les mêmes remedes que dans l'Avant-Cœur.

Si la tumeur eft trop confidérable pour efperer un bon fuccès de ces remedes, & qu'elle paroiffe remplie d'eau rouffe ou de pus, mettés une pointe de feu par-deffous pour donner égoût à la partie.

Des Malandres.

C'eft une efpece d'ulcere qui fe forme au pli du genou en dedans où la peau fe trouve fenduë & rongée par l'âcreté des humeurs qui en découlent. Ce mal rend quelquefois le cheval boiteux, ou du moins lui tient la jambe roide au fortir de l'écurie. Le poil fe trouve moüillé

& hérissé en cet endroit, & plein d'une saleté grenuë. Quelquefois il s'y forme une croûte plus ou moins grosse.

Outre que ce mal n'est pas aisé à guerir, quand on le pourroit faire certainement, il ne faut pas toûjours risquer de le faire subitement, parce que les accidens seroient pires que le mal, c'est pourquoi il faut seulement tâcher de l'adoucir & d'en empêcher le progrès.

Il est vrai que cela ne diminuë pas infiniment le prix d'un cheval, mais il est beaucoup mieux qu'il soit entiérement sain.

Il y en a de deux sortes, il en est d'humides, c'est-à dire, qui suitent, il en est de séches qui ne sont que des galles qui renaissent perpetuellement.

Pour les humides, on les frote avec de la moutarde commune.

Pour les séches, on se sert d'huile batuë avec de l'eau.

DU SUROS, DE LA FUSÉE & de l'Osselet.

Le suros est une tumeur dure, calleuse & sans douleur, qui croît sur l'os même du canon, à la partie latérale.

On en distingue trois sortes.

La premiere est lorsqu'il se trouve seul.

S'il est malheureusement placé dans le genouil ou sous le tendon, que l'on appelle en terme de cavalerie, nerf : il est très-mauvais, fait boiter le cheval, & le rend inhabile au service. S'il est éloigné de l'un & de l'autre c'est un défaut, mais qui n'empêche pas qu'on ne puisse tirer du service d'un cheval, à moins que le mal ne s'étende.

La seconde espece est le chevillé, c'est lorsque sur la même jambe il y en a un d'un côté, & l'autre de l'autre, se correspondans si juste que vous croiriez l'os traversé d'une cheville osseuse.

La troisiéme est, lorsque deux se trouvent au-dessus l'un de l'autre du même côté du canon sur la même ligne, on l'appelle alors fusée.

L'on voit quelquefois à la partie interne & supérieure du canon un gros suros qui semble s'étendre jusque dans le genouil, c'est une dilatation de la partie latérale de la tête ou extrêmité supérieure du canon. Il n'estropie pas le cheval comme le suros dans le genouil, mais il est très-dangereux, on l'appelle osselet. Il s'en trouve aussi quelquefois à l'os du paturon.

Toutes ces maladies viennent souvent au cheval pour s'être blessé l'os au travers du périoste. L'os contus recevant de nouveaux sucs nourriciers & ayant perdu son ressort, se dilate & forme cette éminence. Les maladies internes peuvent aussi y contribüer.

Voici la maniere de les traiter. Il faut commencer par raser le poil où est le suros, le battre avec un bâton applati par un côté, afin de le ramollir, ensuite y appliquer le remede suivant.

Prenés mercure deux onces, euforbe trois gros, souffre trois gros, cantarides un gros, réduisés le tout en poudre & incorporés avec huile, appliqués sur le suros & l'y laissés vingt-quatre heures.

Ce remede demande une main legere & habile, parce que si ce caustic qui est violent venoit à s'étendre au de-là des limites qui lui doivent être prescrites, il causeroit du dégat & feroit une escare trop considérable.

En voici un autre qui ne laisse pas de demander beaucoup d'adresse.

Vous faites bouillir dans un poinçon d'huile de noix la grosseur d'un pois de sublimé corrosif. Votre cheval étant tenu ferme, ou dans le travail, vous trempez dans cette huile bouillante un noüet d'ail que vous avez auparavant attaché ferme au bout d'un bâton, & vous portez avec quelques gouttes d'huile bouillante sur le suros, en pesant un peu. Vous réïterez deux fois cet atouchement, vous jettez dessus de la savate brûlée ou de la poudre d'huître calcinée, & recommencés le lendemain.

On préfére ordinairement à tous ces remedes l'étoile de feu, on verra la maniere de la mettre au Chapitre des Opérations. Il est vrai que ce remede ne guerit pas le suros, mais comme ce mal n'est dangereux que dans ses suites, il l'empêche de croître, & c'est assez.

A la fusée, comme une étoile ne suffiroit pas, on donne le feu à couleur de cerise en raye ou en fougere (V. le Traité des Opérations à la fin.) & si le nerf étoit adhérent il n'y auroit pas de danger à le toucher legerement avec le couteau de feu pour le détacher.

On donne à l'osselet suivant sa

grandeur deux ou trois petites raies de feu.

Du Nerf feru.

En terme de Cavalerie le nerf étant consacré pour signifier tendon, il s'ensuit que la nerferure est l'atteinte qu'un cheval se donne ou reçoit à un des tendons de la jambe. La grandeur de l'atteinte ou du coup fait juger de la grandeur & de la conséquence du mal.

Il faut froter d'abord avec althæâ & populeum, ensuite appliquer la bouillie suivante, gomeuse & plâtrée.

Prenés de la mie de pain bien broïée, paitrissés-la avec bonne bierre comme pour en faire du pain, & ensuite la délayés avec de la bierre encore, comme de la bouillie, faites-la cuire & y ajoûtés la grosseur d'une noix de populeum & autant d'onguent rosat, étendés votre cataplâme sur du linge blanc de lessive & l'apliqués, mettés par-dessus des compresses trempées dans de l'oxycrat chaud, & ayez soin de les imbiber de tems en tems du même oxycrat jusqu'à guérison sans s'ennuyer.

Il y a pourtant des nerferures que l'on ne peut guerir sans y mettre un feu leger en fougere ou en pate d'oye, & quand le mal dure trop long-tems on prend ce parti.

DE L'ENTORSE,
ou Mémarchure.

L'entorse est une extension violente des tendons & ligamens qui assemblent les deux os du paturon avec le canon & le petit pied, quoi qu'il n'y ait point de dislocation, qui est un fait à part. Ce mal peut être très-considérable, premierement, par lui-même, mais de plus parce que ce mal demandant le repos, le corps du cheval qui porte entier sur l'autre jambe le met en danger de devenir forbu.

S'il y avoit dislocation, c'est-à-dire, que l'os fut dérangé de sa place & ne roulat plus dans sa cavité ordinaire, le mal seroit si considérable qu'il seroit inutile de songer à y appliquer des remedes. Il faudroit plûtôt songer, si faire se pouvoit, à rétablir cette luxation ou dislocation.

La différence que nous mettons entre l'une & l'autre est que dans la luxation l'os reste, en partie dans sa cavité, en partie en est dehors. Celle-ci est plus dangereuse parce qu'elle tient plus long-tems les ligamens tendus dans un état violent & dans la dislocation l'os étant sorti entiérement de sa boëte, les ligamens reprennent leur étenduë naturelle. Mais toute l'adresse des plus habiles Maréchaux de nos jours n'a pas encore été jusqu'à ce point de perfection, & ils abandonnent un cheval dans cet état. Il faut espérer qu'avec le tems ils imiteront l'heureuse hardiesse des Chirurgiens qui entre-

entreprennent avec succès cette opération sur les hommes.

Les Maréchaux ne remédient donc aux entorses que lorsqu'elles sont de simples extensions ou foulures de tendons, & leur cure consiste dans le moment à laisser le cheval en repos, & appliquer dessus des remedes astringens & les repercussifs les plus forts, pour le premier appareil afin de raffermir & resserrer les parties qui ont été outrément tenduës, & y empêcher la fluxion des humeurs.

Si ce premier apareil n'emporte pas le mal, il faudra épincer votre cheval, c'est-à-dire, le saigner en pince, ensuite froter le boulet avec de l'eau de-vie & de l'essence de therebentine, & appliquer dessus un cataplâme fait avec trois demi-setiers d'urine, un quarteron d'huile d'olive & un picotin de son, faire bouillir deux ondées & mettre ce cataplâme sur des étoupes, l'appliquer chaud sur le mal, le laisser

K

vingt-quatre heures & réïterer pendant cinq ou six jours.

Si le cheval se trouve soulagé, vous le froterez avec de l'eau-de-vie ou baume de romarin, s'il ne va pas mieux, vous froterez la partie avec un demi-setier de baume ardent & autant d'eau-de-vie ; si c'est en Eté il faut le mener à l'eau auparavant, & ne le froter que quand il sera sec, ou bien prenés huile de laurier, essence de therebentine & eau-de-vie, c'est une espece de vésicatoire fort doux, que les Maréchaux appellent feu mort, parce qu'il fait tomber le poil, vous en frotez le boulet une fois, & toutes les 24 heures vous frotez avec de l'eau vulneraire & du savon noir.

Voici encore un remede & qui est fort astringent & capable de resserrer ces parties. Prenés une chopine de vin blanc, une poignée de farine de froment, un quarteron de miel, demi-quarteron de sain-doux, une poignée de roses de provins, quatre blancs d'œufs, deux onces de bol d'Arménie, & deux onces de therebentine, mettés le tout dans un pot de terre bouché, frémir sur le feu, & après jettés-y un demi-setier d'eau-de-vie, faites un cataplâme sur des étoupes, l'appliqués tout chaud sur le boulet & réïterés jusqu'à guérison. A chaque fois lavés le mal avec eau-de-vie ou esprit de vin.

Mais souvent après tous ces remedes on est obligé d'en venir au feu que l'on met en côte de melon sur le boulet, ou autrement s'il convient mieux, & ce dernier remede est le plus sûr de tous, mais son effet est long.

Nous avons parlé dans ce Chapitre d'un remede qui est fort usité pour les chevaux, & même pour les hommes. C'est le baume ardent qui est très-aisé à faire, mettés demi-once de camfre en poudre dans chopine d'excellent esprit de vin, mettés dans un matras, adaptés y son vaisseau de rencontre & le lutés bien, mettés à un bain-marie qui soit fort chaud sans bouillir, & y laissés circuler la matiere jusqu'à ce que tout le camfre soit dissout. Délutés vos vaisseaux & ajoûtés deux onces d'ambre jaune, concassé, lutés de nouveau & mettés sur le bain pendant deux fois vingt-quatre heures. On s'en sert pour la forbure, pour l'encloueure & pour des plaies.

DE L'EFFORT
du Genouil.

Un cheval peut se donner une entorse au genouil aussi-bien qu'au boulet, soit par une chûte, soit par une enchevrûre ou par quelqu'autre accident. Cette entorse se nomme effort du genouil, elle se traite de même que celle du boulet, parce que c'est également une extension outrée des tendons & ligamens des os du bras & du canon. Dans ces sortes d'efforts pour peu qu'ils foient negligés, le genouil devient de la groffeur de la tête d'un homme.

On peut fe fervir avec fuccès de la charge de l'avant-cœur (page 101.) & en cas d'opiniâtreté, on y met le feu à côte de melon.

DES JAMBES FOULE'ES, *travaillées ou ufées.*

S'il y a quelque différence entre ces trois expreffions qui paroiffent affés indifféremment employées par ceux qui veulent parler d'une jambe fatiguée par un long travail ou par un exercice violent, cette différence eft fort petite. Il paroît cependant que le terme de jambe foulée femble repréfenter plus particuliérement une jambe enflée par un grand & long travail dans les premiers jours ou les premieres heures qui fuivent immédiatement ce travail. Celui de jambe travaillée, une jambe enflée auffi ou fatiguée, mais cependant en état de rendre encore quelque service, même dans le moment présent, & celui d'usée, celle qui y est peu ou point du tout, & pour l'instant & pour l'avenir, à cause du travail passé.

Comme ces différences, si l'on veut les admetre, ne font que du plus au moins, l'ordre que l'on suit dans l'application des remedes s'y trouve conforme, & les remedes qui dans le commencement du mal auroient été suffisans pour le guérir ou en prévenir les conséquences fâcheuses, font place à d'autres plus efficaces que les premiers, quoique d'un succès plus incertain. Paradoxe aisé à comprendre, en faisant attention qu'un petit obstacle se leve plus aisément qu'un grand.

L'enflûre, les tumeurs particulieres, les fentes, les plaies, les ulceres, la roideur des jointures; en un mot, tout ce qui s'éloigne du craïon, que l'on a donné dans la premiere partie d'une jambe belle

& saine, donnent à connoître par le plus ou le moins jusqu'à quel point une jambe est alterée ou usée.

Il faut appliquer sur la jambe de bonnes emmielures, par exemple celle-ci, prenés une pinte de lait & suffisante quantité de farine pour faire de la bouillie, un peu avant qu'elle soit achevée de cuire vous y incorporés demi-livre de cire neuve, autant de therebentine, autant de poix de Bourgogne, autant de miel, & autant de sain-doux que vous avez auparavant fait fondre séparément dans un vaisseau à part à un feu très-doux, & jettés dans cette bouillie après les avoir bien mêlangées. Vous appliqués ce remede chaudement une fois par jour.

Ensuite vous usés de l'onguent de Montpellier, ou des bains faits avec les herbes aromatiques bouillies dans le vin ou dans la biere, ou dans la lie de vin. Si ces remedes ne réüssissent pas, on a recours au feu.

Blessure sur le Boulet.

Nous ne donnerons pas de définition d'une chose sur laquelle un seul coup d'œil nous en apprend plus que les plus longues descriptions ne pourroient faire. Il les faut traiter comme la nerferure avec l'althæâ, l'onguent rosat & le populeum, &c.

DES MOLETTES,
du Ganglion & de l'Osselet du Boulet.

La molette est une tumeur tendre & molle de la grosseur d'une noisette, quelquefois d'une noix, sans douleur dans les commencemens, & remplie d'eau, située à la partie latérale, tant interne qu'externe du boulet. Cette tumeur blesse le cheval, si elle a quelque adhérence au tendon ou nerf du pied, & pour lors on l'appelle molette nerveuse.

nerveuse, laquelle est dangereuse & estropie à la fin le cheval. Lorsque deux molettes se correspondent vis-à-vis l'une de l'autre, on leur donne le nom de chevillées.

Le repos seul, ou tout au plus quelques legers remedes emportent une molette simple dans son commencement.

Il vient au même endroit; sçavoir, au boulet à droite & à gauche une tumeur assés molle, remplie d'une matiere glaireuse & qui acquiert la grosseur de la moitié d'une noix. Cette humeur glaireuse paroît être le surcroît d'une lymphe gelatineuse, qu'on nomme sinovie, destinée à faciliter le mouvement des articulations. Par la grande fatigue & le long travail il se déchire quelque filet de la membrane qui doit retenir cette lymphe gelatineuse dans l'article, & cette humeur glaireuse venant ainsi à s'extravaser, forme une tumeur à laquelle dans les hommes on donne le nom de Ganglion.

Cette même partie est encore sujete à une tumeur qui au premier coup d'œil a l'apparence de la molette, mais c'est un osselet, lequel a grossi, il est ordinairement situé un peu plus bas que la molete, & au lieu que celle-ci occupe cet espace qui reste vuide entre le tendon ou nerf & la partie latérale de l'os, ce petit osselet se trouve situé à la partie latérale même.

Rarement l'osselet & le ganglion font-ils boiter.

Comme ces incommodités naissantes déparent plus un cheval qu'elles ne lui nuisent réellement, il suffit d'en empêcher le progrès, ce qui se fait en l'envoyant à l'eau & frottant le mal au retour avec de l'essence de therebentine & de l'eau-de-vie. Mais ceci ne se doit entendre que d'un cheval qui n'auroit qu'une molete seule ou à qui elle ne paroîtroit que depuis peu de jours; car si elles sont chevillées ou nerveuses, c'est-à-dire vieilles, ou qu'il y en ait plusieurs ensemble, il n'en faut point faire l'acquisition, parce qu'un cheval moleté ne vaut rien, & est bien-tôt entiérement hors de service.

Cependant les gens qui veulent se défaire d'un cheval les font disparoître totalement, & même en 24. heures ou environ, ils prennent la mie d'un pain sortant du four, la trempent dans l'esprit de vin, & l'appliquent sur les moletes.

Ou bien prenés une livre de bol, demie-livre de galbanum, & autant de mastic dissouts, en eau-de-vie & vinaigre, & en frottés. Les Marchands de chevaux se servent de ce dernier remede pour resserrer les jarrets enflés, & c'est un bon astringent, mais son effet n'est pas d'une fort longue durée, ainsi si l'on prétend guerir radicalement son cheval, il faut employer le feu.

La maniere de quelques-uns qui fendent l'ergot & prétendent tirer les moletes par là, est folle & très-dangereuse.

Le ganglion se doit traiter de même, quant à l'osselet nous avons dit qu'il y falloit mettre le feu, puisque c'est un suros.

De la Forme.

La forme est une tumeur indolente qui croît jusqu'à une grosseur considérable, située autour & à quelque distance de la couronne sur un des tendons qui s'y trouvent & qui arrête dans cet endroit & met à son profit le suc nourricier qui devroit passer dans le petit pied & la corne, d'où s'ensuit le dessechement de toute la partie inférieure, lequel estropie à la fin un cheval.

Ce mal est quelquefois héréditaire. Plus communément il est la suite des efforts violents que le cheval a faits ou dans des sauts de force ou en maniant aux airs, ou dans des voltes extrêmement diligentes, ou dans une courfe précipitée, ou dans un âge trop tendre.

Ce mal n'eft pas commun, mais des chevaux qu'il attaque, un grand nombre font eftropiés, furtout lorfque la tumeur fe trouve près de la couronne, parce que l'étranglement eft plus grand.

Il faut deffoler le cheval auffi-tôt qu'on s'en apperçoit, & mettre fur la forme deux ou trois raïes de feu, fuivant fa grandeur, & toucher de façon que la raïe gagne le fabot, afin qu'il fe faffe une avalure pour commnnniquer la nourriture à la partie inférieure. (On appelle avalure une nouvelle corne,) fans cette précaution les autres remedes ne ferviroient de rien, ou s'ils foulageoient ce ne feroit que pour quelques jours.

DE L'ATTEINTE
du Javar, de l'atteinte encornée, du Javar encorné.

Les chevaux qui vont plusieurs de compagnie, soit à côté l'un de l'autre, soit à la queuë l'un de l'autre, ou allant l'un à l'autre, front contre front, sont sujets à se donner des coups de pied, ou sur les jambes, ou sur les tendons, ou sur les pieds. Ces sortes de coups se nomment atteintes. De la violence de l'atteinte on juge de la grandeur du mal; car il peut y avoir playe sans coutusion, ou meurtrissure, (ou du moins elle est legere,) & contusion sans playe, ou tous les deux ensemble.

Quand ces sortes d'atteintes sont legeres le cheval en guérit bien-tôt, il n'en est pas de même quand elles sont violentes ou compliquées.

De ces deux premieres especes ou circonstances différentes de l'atteinte prennent leur origine deux maladies très-graves.

Quand il y a playe fans contufion, & que cette playe a été mal ou point panfée, elle devient un ulcere puant & fordide, auquel on donne le nom d'atteinte encornée lorfque la matiere eft tombée dans le fabot.

Quand il y a contufion fans playe & que l'on n'y remédie pas à tems, il fe forme un abfcès fous le cuir, lequel étant fitué au milieu de toutes parties nerveufes & tendineufes, eft très-douloureux & fe nomme javar.

Ce javar peut venir cependant d'autres caufes en maniere de dépôt, comme d'un refte de gourme, ou pour avoir laiffé féjourner trop long-tems des ordures dans le paturon; car ce lieu eft le fiege de cette maladie depuis & compris la partie fupérieure du boulet, jufqu'à l'extrêmité de la pince.

Ce mal eft précifément le même

que le panaris ou mal d'avanture aux hommes.

Aussi en distingue t'on comme à ceux-ci trois sortes ; sçavoir, le simple, le nerveux, ou plûtôt le graisseux, & celui de la gaine du tendon, auquel on en ajoûte un quatriéme particulier aux chevaux, mais qui se rapporte à ce dernier, & ne différe que parce qu'il est situé sur le boulet même; mais attaquant toûjours le tendon, sa situation le rend plus long à traiter & plus dangereux que les autres.

Cette quatriéme espece n'attaque ordinairement que les jambes de derriere.

Le javar simple est une tumeur douloureuse située sur le paturon, formée par une humeur âcre & mordicante qui rarement forme un pus loüable, mais qui heureusement est contenuë entre cuit & chair.

Ce sont des eaux rousses qui viennent se jetter sur cette partie, lesquelles causent par une longue irritation un engorgement dans toute la jambe, il faut que ces eaux sortent avec une espece de petit bourbillon.

Le javar nerveux ou plûtôt le graisseux; car celui-ci n'attaque encore ni nerfs ni tendons, mais seulement les graisses & le tissu cellulaire est plus douloureux que le précédent, mais il en sort une plus grande quantité de pus, & il en tombe une escare plus forte. On appelle escare un morceau de chair pourrie ou brûlée qui se cerne ou d'elle-même ou à l'aide de quelque médicament d'avec le vif.

Le vraiment tendineux ou nerveux, parce qu'il attaque ce qu'en terme de Cavalerie on appelle nerf qui est le tendon de la jambe, est de tous le plus dangereux & qui met le cheval plus en risque d'être estropié pour sa vie.

Il attaque le tendon quelquefois par la partie externe, quelquefois par l'intérieure, suivant la cause qui le produit. Quand il est à la partie externe, il vient plus aisément à supuration. Quand il est à la partie interne, il n'a point d'issuë, ce qui cause des ravages extraordinaires.

Avant qu'on puisse lui en procurer la matiere fuse, c'est-à-dire, se glisse tout du long de la gaine du tendon qu'elle pourrit. Voilà pourquoi on lui donne encore le nom de javar dans la gaine du tendon, il faut à celui-là qu'il tombe une escare du tendon même.

Si l'on n'en arrête pas le progrès la matiere tombe sous la corne, jusques dans la boëte du sabot, pourrit le côté du sabot dans lequel il tombe, ou oblige à l'emporter. Cette corne peut bien revenir après, & c'est ce qu'on appelle avalure, mais ce quartier n'est jamais si bon que l'ancien. Voilà pourquoi on a raison de dire qu'un cheval qui a fait pied neuf ou quartier neuf ne vaut rien. Il ne faut pas cependant

DE CAVALERIE. 131

laisser que de chercher à guerir ce mal.

Voici ce que l'on doit faire en cette occasion. Quand le mal gagne jusque dans le sabot il y a deux expédients, le fer & le feu.

Le fer en levant le quartier qui couvre le mal avec le bistouri ou la feuille de sauge.

Et quand on veut appliquer le feu on rape la corne pour qu'il pénétre mieux, aussi-bien que les onguents qu'on y doit apliquer. On met donc une raie de feu de hant en bas qui prenne sur le milieu du mal, & descende jusques sur le sabot sur lequel on apuye fortement sans s'éfrayer du sang qui en pouroit sortir. On en aplique une autre à côté, puis une autre, suivant l'étenduë du mal, que la sonde a fait reconoître, ensuite on met plusieurs boutons de feu sur la courone, mordant également sur la corne comme sur la chair, & finalement un plus gros à l'endroit du mal, ce qui donne la fiévre au cheval, mais elle ne dure pas, & quand le cheval commence à manger & ne point souffrir tant, vous le dessolés pour donner écoulement au reste des mauvaises humeurs ou eaux rousses, & faire reprendre nourriture au pied. On met auparavant sur la jambe de bonnes emmielures (page 119.)

Il est tellement necessaire d'en venir à cette opération que pour l'avoir negligé on a vû à des chevaux la hanche desséchée, & on les a vû porter en boitant la jambe très-haute & toute recourbée. Cette opération donne facilité aux eaux rousses & âcres de se dégorger & fait comme un égoût sous le pied, si bien que l'on a vû la sonde entrer par dessous la corne & sortir par la courone.

Si le javar n'étoit pas encorné, on pourroit se contenter de le couper en croix par le milieu avec un couteau de feu, après avoir coupé le poil fort près avec des ciseaux,

& ajoûter une petite semence de feu tout autour.

Quand le tendon est noirci, il faut de necessité qu'il en tombe une escare, parce que c'est une marque sûre qu'il est gâté, ainsi il n'y a aucun danger de le toucher legerement avec un couteau de feu.

Ordinairement cette manœuvre guérit vôtre javar à l'endroit où il a paru d'abord, & il s'y forme une bonne cicatrice, mais un reste de pus qui se trouvera enfermé dessous & qui se sera glissé dans l'interstice de quelque membrane, forme un nouvel abscès dans les environs; procedés alors de la même maniere que devant : car le feu est le seul & le plus court remede du javar nerveux. Il faut observer qu'il faut avant & après le feu user d'onguents émollients.

Quand le mal ne fait que commencer, & que c'est un javar simple, les excrémens humains apliqués dessus le font venir à supuration, ou fervés-vous de l'emmielure blanche, ou du fupuratif.

Si ce n'eſt qu'une atteinte nouvelle & qu'elle ne foit pas confidérable, écrafés dans votre main une amorce de poudre à canon, la détrempés avec votre falive & en frotés la plaie. Il ne faut point y mettre le feu comme quelques-uns font, c'eſt une mauvaiſe méthode & on court riſque d'endomager le tendon par l'eſcare.

Autre Remede.

Prenés une once de couperoſe blanche, demi-once d'alun, demi-once de poix raifine, deux onces de poudre à canon, pulverifés & mêlangés bien toutes ces drogues avec huile de millepertuis ou graiſſe de cheval chaude. Il faut avoir foin de calciner l'alun & la poix réfine fur une pelle rouge, jufqu'à ce qu'ils ne bouillent plus & qu'ils foient bien feçs.

Autre.

Prenés au mois de May des vers de terre, & les mettés dans un pot avec sain-doux & vieux oiug, & les y laissés mourir. Gardés cet onguent pour le besoin, & quand vous voudrés vous en servir, après en avoir oint la partie malade, envelopés-la d'une peau de mouton non passée, & qui ait encore son suif.

Ce remede est bon encore pour un nerf feru de vieux.

Si c'est une atteinte sourde, c'està-dire, qu'il y ait contusion sans plaie, prenés poivre battu avec suye de cheminée & quatre blancs d'œufs, faites-en un mélange & apliqués ce remede sur le mal & l'envelopés. Il ne faut point que le cheval aille à l'eau jusqu'à ce qu'il soit guéri. Ce remede est un bon restrainctif.

S'il y a plaie sans contusion ou avec une legere contusion, layés le mal avec sel & vinaigre tiéde, & ensuite trempés des compresses dans de l'eau-de-vie où l'on aura détrempé pour deux sols de litarge d'or en poudre, & envelopés le mal.

De l'Enchevêtrure.

L'enchevêtrure est une plaie ou meurtrissure que le cheval se fait au paturon pour se l'être pris ou dans la longe ou dans une corde dans laquelle il s'entortille & se scie, pour ainsi dire, le paturon.

Il faut faire un cataplâme avec deux onces de térebentine, un jaune d'œuf, du sucre & de l'huile d'olive, mettés sur des étoupes, apliqués sur le mal, & bandés.

Si les chairs surmontent, employés l'onguent de litarge, connu sous le nom d'onguent nutritum.

De la Forbure.

Ce qu'on appelle d'un nom génénéral le sang, est l'assemblage de toutes les différentes liqueurs qui arrosent le corps animal, coulant sous l'uniforme d'une seule & unique couleur, sçavoir rouge.

Entre une infinité de ces liqueurs différentes, il en est trois principales qu'il est aisé de remarquer au premier coup d'œil ; sçavoir, la limphe, ou la partie blanche, ou fibreuse, ou gelatineuse du sang, (c'est la même chose.) La rouge ou globuleuse, & la sérosité ou l'eau qui est comme le vehicule des deux autres.

Cette limphe est apellée gelatineuse, parce que, semblable à la gêlée étant refroidie, elle se congele, s'épaissit, & forme le coagulum du sang, c'est-à-dire, le fait cailler. On pourroit même la refondre à un feu lent.

On apelle la seconde, partie rouge parce que c'est elle qui donne à la masse du sang sa couleur rouge; & globuleuse, parce qu'à l'aide du mi-

M

croscope nous découvrons que cette partie rouge ressemble à une infinité de petits globules, lesquels tant par réfléxion que par réfraction, communiquent leur couleur au liquide dans lequel ils nagent.

La sérosité est de toutes les trois la plus coulante & la plus limpide ou claire.

Dans le sang d'un homme qui a une violente fiévre, & particuliérement lorsqu'il est atteint d'une pleuresie ou fluxion de poitrine, on remarque distinctement ces trois parties deux ou trois heures après que le sang est tombé dans la palete.

On voit au dessus une couënne blanche & dure, c'est la limphe.

Dessous on voit au même coagulum ou caillebot, une matiére moins coriace, plus molle & d'un rouge foncé, pour ne pas dire noir, c'est la partie rouge ou globuleuse.

Et aux environs des bords de la poëlete on voit une liqueur claire & limpide ou quelquefois ambrée, c'est la sérosité.

Du mélange parfait & bien lié de ces différens liquides, dépend la santé de l'animal autant que de la juste température de chacune de ces humeurs en particulier.

Ces trois différentes liqueurs ont, comme nous venons de dire, chacune leur consistence particuliére.

La limphe qui par sa nature gelatineuse, dont nous venons de parler, semble destinée à lier & corporifier les deux autres, étant susceptibles de la moindre chaleur ou du moindre froid, il est aisé de concevoir ce qui doit arriver à un cheval dans le corps duquel on aura mis cette gelée dans une fonte entiére au point de devenir aussi liquide que la sérosité, par un travail long & outré, sur-tout lorsqu'on le laissera surprendre au froid, soit par le laisser à l'air, soit par le mener dans une eau courante & froide, où il trempera presque tout le corps. Ces humeurs mises en un grand mouvement & qui cherchoient à s'exhaler en vapeurs infenfibles par les pores de la peau, les trouvant fermés tout à coup par le froid fubit de l'eau ou de l'air, s'amaffent en foule à la partie interne de toutes ces petites portes, & celle qui étoit fur le point de fortir preffée par celle qui la fuit de près, fait un engorgement dans toutes les parties faifies par le froid. De là viennent les douleurs que le cheval reffent dans la forbure aux jambes & même par tout le corps. Les jambes étant des parties toutes nerveufes, tendineufes & membraneufes font plus fufceptibles de cet engorgement que les parties mufculeufes du refte du corps, la pente naturelle dans ces parties à caufe de leur fituation ne contribuë pas peu à les en charger plus que les autres, joint à ce que le reffort des membranes & des fibres de la peau dépendant de la partie fpiritueufe & balfamique du fang fe trouve perdu par l'épuifement d'une longue & violente fatigue. Ainfi cette peau preté comme un sac sans faire aucune résistance, & se gorge d'humeurs. C'est à ce signe principalement, joint aux douleurs universellement répanduës par tout le corps, en forme de rûmatisme que se reconnoît la forbure.

Le cheval a ordinairement dans ce mal les oreilles froides & la fiévre s'y joint aussi quelquefois, qui le rend très-dangereux.

L'enflure de la jambe devient à quelques-uns si considérable qu'elle cerne le pied de dedans le sabot, & le fait perdre.

Un cheval peut aussi devenir boiteux & forbu dans l'écurie par ne rien faire & manger trop d'aveine.

Pareille chose arrive à ceux qui étant boiteux sont obligés de demeurer plusieurs semaines apuiés sur une jambe. Il n'est pas difficile avec un peu de réfléxion d'en trouver la raison.

La saignée est le remede le plus efficace que l'on puisse aporter à cette maladie, on saigne le cheval des deux côtés du col à la fois. Il faut tirer environ une livre & demi ou deux livres de sang de chaque côté, & cela doit être fait dans le moment qu'on s'aperçoit de la forbure ; car s'il n'est traité brusquement dans les premieres vingt-quatre heures, c'est un cheval perdu.

La saignée faite, vous lui faites avaler gros comme un œuf de sel commun fondu dans une pinte d'eau de riviere, ou dans trois demi-setiers de son sang, & lui faites une onction sur les jambes avec une chopine de vinaigre, autant d'eau-de-vie, un quarteron d'essence de térebentine, & une poignée de sel, ayant soin de froter particuliérement sur les gros vaisseaux.

Demi-heure après donnés un lavement émollient, & deux heures après lui donnés deux pillules puantes dans une pinte de vin. Ces pilules se préparent en mettant en poudre parties égales d'assa fœtida, de foye d'antimoine & de baies de laurier que l'on incorpore ensemble dans un mortier, avec suffisante quantité de vinaigre, vous en faites des pilules de 14. gros qui diminuent en séchant à l'ombre sur un tamis de crin renversé. La dose est deux, dans du vin ou autre liqueur apropriée.

Il ne faut pas oublier de faire fondre dans une cueillere de fer, demi-livre d'huile de laurier, & l'apliquer bouillante dans les pieds avec des étoupes & des éclisses, deux fois par jour pendant deux jours, pour conserver la sole.

Comme les humeurs, qui engorgent les jambes dans la forbure, font un bourlet à la courone qui dessoude quelquefois le sabot, il faut l'éventouser, c'est-à-dire, donner quelques coups de flamme autour de la couronne pour faire couler la limphe & la sérosité abondante, & apliquer ensuite par-dessus un restrainctif composé avec suie de cheminée ou bol détrempé, & vinaigre.

Il faut avoir soin de promener votre cheval de trois heures en trois heures, ne fit-il que dix à douze pas à chaque fois, cela suffit.

Le lendemain réïterés la saignée & la même manœuvre, en ce qui se peut réïterer.

Cette maladie est quelquefois compliquée, & s'il y a courbature qui ne va guére sans grasfondure, quoique vous ayés apportés secours dès le premier jour. Il est plus mal le troisiéme que le premier, & court un très-grand danger. Beaucoup de chevaux même en périssent. Donnés en ce cas à votre cheval un breuvage composé avec deux onces de baume de copahu, demi-quarteron de sirop rosat & demi-once de contrayerva dans trois demi-setiers de vin.

Ensuite mettés le au billot que vous ferés avec miel blanc & sucre, de chacun un quarteron & une once de thériaque. Vous réïterés l'usage de ces billots. En

En cas que la fiévre & le batement de flanc continuent, il faut avoir recours à l'eau cordiale, p. 64.

De la Crapaudine.

Il vient fur l'os de la couronne à un demi pouce au-deſſus du ſabot, à la partie antérieure, tant de la jambe de devant, que de celle de derriere. Un ulcere par où diſtille une humeur âcre & mordicante; c'eſt quelquefois le reſte d'une atteinte qu'un cheval ſe ſera donné en paſſant un pied ſur l'autre, ſoit par hazard, ſoit dans des voltes trop diligentes. Cet ulcere ſe nomme crapaudine, jette une grande quantité d'eaux rouſſes & le cheval même en boite, en ce cas ſervés-vous de l'émielure, pag. 119. & enſuite ſervés-vous de l'onguent noir pour deſſecher.

Des Peignes & Grapes.

On en connoît de deux ſortes.

Des séches & d'humides.

Les séches sont une espece de galle farineuse, & qui tombe comme du son sale & jaunâtre du paturon & de la courone. Cette matiére fait hérisser le poil autour de la courone.

Les humides sont une espece de galle qui suinte une humidité âcre & puante qui fait hérisser le poil de la courone & desseche quelquefois la corne du sabot au point que la partie supérieure qui en est imbibée devient éclatante, se casse & fait boiter le cheval.

On trouve aux environs des crevasses, par où suintent ces humidités, de petites glandes engorgées, comme des grains de millet, les unes auprès des autres. Ces sortes de peignes s'apellent des grapes.

S'il y a du feu dans la partie, mettés l'emmielure de la page 119.

S'il n'y a point d'inflammation, prenés une livre de miel, un quarteron de noix de galle & deux onces de couperose blanche que vous ferés tiédir dans un pot pour en froter les peignes. Ce remede peut être mis aussi en usage pour les mules traversines.

Pour les grapes, prenés une pinte de fort vinaigre, demi-livre de vert de gris, une once de couperose verte, calcinée une once d'alun de roche, six noix de galle, pulverisés bien le tout & le mettés dans un pot de terre bien bouché, & lutés avec de la pâte, mettés digérer dans le fumier chaud pendant huit jours, & lorsque vous voudrés vous en servir, coupés le poil & en lavés le mal.

Ou bien, prenés une livre de miel commun, trois onces de vert de gris en poudre avec de la fleur de farine de froment, mettés le tont ensemble & en posés sur le mal. S'il y a des poireaux parmi les grapes il faut les couper avant d'y mettre l'onguent, il faut en mettre de deux jours l'un, pendant une quinzaine de jours, & ne point moüiller les jambes.

Dans tous les maux de jambes, & même dans tous les maux qui sont à portée de la bouche du cheval. Il faut prendre garde qu'il n'y porte la dent; car rien n'envenime plus une plaie, que de la grater, & un mal très-leger faute de cette attention, devient quelquefois incurable, c'est pourquoi il faut ou le lier très-court ou lui mettre le colier.

Matiére soufiée au Poil.

On appelle matiére soufiée au poil, quand à la suite d'une encloueure negligée ou abscès dans le sabot, la matiére ne pouvant se faire jour par la sole ni par aucune autre partie, remonte par la partie supérieure du sabot, court tout autour de la couronne, & y fait un bourlet, ce qui peut cerner entiérement le petit pied dans sa boëte

& le carier, & est par conséquent très-dangereux.

Il n'y a point d'autre remede que de dessoler le cheval & mettre deux ou trois raies de feu sur le bourlet.

Méchans Pieds.

Deux choses contribuent à faire appeller des pieds mauvais.

La qualité & la figure.

La qualité, quand la corne est éclatante ou cassante, ce qui se remarque aisément en ce que l'on a de la peine à brocher les cloux sans emporter le rebord de la corne, ou bien quand elle est dure, ce qui est un défaut bien moins considérable & auquel on remédie plus aisément. Les cornes blanches passent pour être éclatantes. Celles de couleur de bouc passent pour les meilleures, il en est pourtant de bonnes & de mauvaises des unes & des autres, mais il est aisé de s'en appercevoir.

Quand un pied peche par la figure, c'eſt par la ferure qu'on peut les changer. Voyés la premiere partie, chapitre de la Ferure.

Quant à la qualité on la ramolit en tenant les pieds dans de la terre glaiſe ou dans de la fiente moüillée.

Il y a des chevaux qui ayant la ſole mince ont les pieds ſenſibles & douloureux au moindre choc ou travail. Quand ils ſentent du mal, mettés-leur dans le pied deux ognons cuits dans la braiſe, toût chauds, & de la fiente de vache ou de cheval par-deſſus, de façon que cela tienne.

De l'Encaſtelure.

Comme c'eſt une eſpece de mauvais pieds que ceux qui ont les deux côtés du talon ſerrés, que l'on appelle encaſtelés, nous en faiſons un article exprès & nous le mettons à la ſuite des mauvais pieds. Ces ſortes de pieds ont toûjours la fourchette fort étroite, ce qui en est une suite, & les quartiers (ce sont les côtés du sabot) sont plus proches l'un de l'autre auprès du fer que dans leur partie supérieure. Les ligamens & les tendons qui environnent le petit pied se trouvant serrés dans une demeure si étroite le cheval boite & ne peut marcher. Ce n'est que par accident ou par une ferure mal entenduë que les chevaux contractent ce mal, aussi une ferure ordonnée par un habile Ecuyer, & executée par un Maréchal adroit, communément les rétablit. Voyés page 51. seconde Leçon.

Ces sortes de pieds sont plus sujets que les autres aux bleimes & aux seimes, & quand ils sont guéris ils sont sujets à retomber dans ces mêmes accidens, il faut les entretenir dans l'humidité, autant que l'on peut, parce que la corne venant à se relâchet met le pied beaucoup plus à son aise.

De l'Ognon dans le pied.

L'ognon est une grosseur qui vient entre la sole & le petit pied, c'est ordinairement un reste de forbure ou meurtrissure, quelquefois une goute de sang meurtri ou extravasé, qui au lieu de supurer se desseche sur la sole, & y forme une espece de durillon.

On dessole d'abord le cheval, & avec une feuille de sauge ou bistouri on le détache & on panse la plaie comme un cheval dessolé de nouveau.

Du Cheval dessolé de nouveau.

Après l'avoir laissé saigner, il faut mettre de la térebentine pure sur de la filasse.

Il faut remarquer ici que tous les Auteurs & la plûpart des Maréchaux vous recommandent, après avoir apliqué vos étoupes, de bien presser & serrer l'apareil, de crainte que les chairs ne surmontent, ce qui est fort mal; car si la compression est plus forte qu'il ne convient, c'est précisément ce qui les fait surmonter par l'inflammation que cette pression cause dans la partie, & si elle est outrée, les chairs ne surmontent pas à la verité, mais la mortification & la gangrene s'y mettent. On peut faire d'autres digestifs si le cas le requiert. On appelle digestif une composition molle & de la consistence de l'onguent, composée ordinairement avec des huiles & des baumes & des adoucissans pour calmer la douleur, faire revenir les chairs, déterger les ulceres & mondifier le pus.

De la Bleime.

Si l'on ne remédie pas à tems à l'encastelure, il arrive quelquefois une meurtrissure dans le sabot par la longue compression des parties qui y sont enfermées. La cause n'étant pas ôtée cette meurtrissure engendre corruption & pouriture, qui met le cheval en un danger éminent de perdre le pied & de garder long-tems la litiere.

La même chose pourroit arriver par quelque chûte ou par quelque coup que le cheval se seroit donné sur la sole.

Je ne vois pas quelle différence on peut faire entre la Bleime & le Javar; car on distingue trois sortes de Bleimes, comme de Javar; sçavoir, la simple contusion ou meurtrissure sous le pied.

La Bleime nouvelle & où le tendon souffre altération.

Et l'encornée ou ancienne, lorsque la matiere soufle au poil, hors que dans la Bleime encornée on trouve plus fréquemment dans la corne un os de graisse ou filandre. On appelle os de graisse une matiére endurcie & congelée, soit par un sang extravasé, coagulé & desseché, soit par de la graisse & des parties tendineuses, fonduës & mastiquées autour de quelque filandre détachée intérieurement de la corne, & que le siege de la bleime est sous le petit pied, & celui du javar, comme nous avons dit, dans tout le paturon.

Pour la bleime nouvelle on ne dessole pas toûjours le cheval, on se contente de faire bien parer le pied, & d'y mettre de l'essence de térebentine avec de l'eau-de-vie, mais s'il y a supuration & que le trou pénétte jusqu'au tendon, le plus court est de dessoler le cheval, de peur qu'il ne se fasse un renvoi à la courone, & que la matiére ne soufle au poil, ce qui gâteroit le tendon.

Des Seimes.

Pour les seimes c'est une chose toute différente. La seime est une fente dans les quartiers du sabot qui s'étend quelquefois depuis la courone jufqu'au fer, qui arrive plus communément aux quartiers de dedans comme aux plus foibles & aux pieds de devant comme à ceux qui font le moins expofés à l'humidité qui eft le préfervatif de cette maladie.

Cet accident eft caufé par l'aridité de la corne qui s'eft deffechée ou pour avoir marché fur des fables brûlans, ou fur le dur dans la gelée, ou bien par la mauvaife habitude, qu'ont certains Maréchaux, de parer trop à fond le pied d'un cheval, ce qui l'affoiblit, ou ce qui eft encore pis, de brûler la corne avec le fer rouge avant de parer; car cela affame le pied d'un cheval, & eft capable de le ruiner.

La feime faigne quelquefois; parce que le cheval pofant fon pied par terre, la corne fenduë s'entr'ouvre & en fe refferrant lorfque le cheval releve le pied, elle pince la chair qui environne le petit pied, & coupe ou pince quelque veine ou artere, source de cette petite hémorrhagie.

Ce n'est pas un des moindres accidens qui puisse arriver à un cheval; car il est pour du tems hors de service, & étant guéri il est fort exposé à retomber dans le même inconvénient.

Il est des chevaux qui ont les pieds de derriere fendus par le milieu de la pince. Cet accident arrive plus fréquemment aux mulets qu'aux chevaux. Ces sortes de pieds se nomment par ressemblance, pieds de bœuf. Les chevaux pinsards y sont plus sujets que les autres. On appelle chevaux pinsards ou rampins, ceux qui marchent sur la pince.

Cette maladie arrive même aux pieds de devant par la foiblesse de la sole, ou pour n'avoir point de corne en pince.

Il est encore une autre espece de seime, mais qui est fort rare. C'est une fente de la corne du sabot qui est totalement interne, & qui vient à la partie antérieure quelquefois, mais plus comunément à la partie interne du quartier de dedans d'une des jambes de derriere, on ne la peut connoître qu'en parant le pied, parce qu'on apperçoit la fente à l'extrêmité de la corne. Cette maladie ne vient ordinairement qu'aux chevaux des Pays Méridionaux, comme Barbes, Espagnols, &c.

Quand ces accidens viennent d'une trop grande aridité, ou qu'ils sont trop considérables, le plus court est de dessoler le cheval, & si les chairs surmontent par la crevasse, vous trempés dans l'eau forte un petit bourdonet de charpi que vous introduisés dans la crevasse si les chairs ne surmontent point, vous lavés la scime avec de l'eau-de-vie & y mettés un plumaceau avec un bandeau, vous faites ensuite ferrer votre cheval avec un fer qui ait un pinçon de chaque côté au deuxiéme clou.

Si la seime ne faisoit que commencer vous appliqueriés horizontalement sur le haut du sabot une S de feu ; par ce moyen vous arrêtés le progrès de la seime, comme par une espece de lien, parce que la nouvelle corne ou avalure qui s'y fait est plus souple & moins *fissile*, c'est-à-dire, éclatante.

Quelques Auteurs proposent de percer les deux côtés de la corne éclatée, de passer dans ces trous un fil de fer souple & de lier ainsi la scime, mais ce moyen ne vaut rien, parce qn'on risque d'éclater la corne davantage, qu'il n'est pas aisé de faire cette manœuvre, & que le poids du cheval est plus fort que la résistence que peut faire ledit fil, ainsi il s'en faut tenir à l'S de feu.

Quand les chairs surmontent, on pourroit au lieu de l'eau forte se servir du sublimé comme pour les furos.

En parant le pied il faut faire un siflet sous la seime.

DE LA SOLBATURE
& des Pieds douloureux.

L'on peut rapporter la solbature à la bleime de la premiere espece, c'est-à-dire, à la meurtrissure ou contusion sous le pied ; c'est pourquoi il est bon de prévenir ce mal dans son principe, aussi-bien que l'autre. Celui-ci arrive au cheval, ou pour avoir marché à nud, ou parce que le fer portoit trop sur la sole. Quand cela vient du fer on le remarque aisément, parce que le fer est lisse à l'endroit où il a porté sur la sole. Le cheval qui en est incommodé le fait aisément connoître, parce qu'ayant les pieds douloureux & ne pouvant se soûtenir dessus, il aime mieux se coucher que de manger, se portant bien à cela près. On s'en assûre encore en tâtant la sole qui se trouve chaude.

Il faut mettre dans le pied de bonne emmielure composée avec
poix

poix noire, fain-doux ou vieux oing, que l'on fait fondre avec un peu de therebentine & que l'on applique chaudement.

De l'Etonnement de Sabot.

Cette maladie est des plus longues, des plus difficiles à traiter, même à connoître, que puisse avoir un cheval.

Nous avons déja dit que cette masse que l'on appelle le pied d'un cheval, étoit composée d'un os, que l'on appelle le petit pied & du sabot. Le sabot à son tour de quartier de sole & de fourchete. Le petit pied qui est enfermé dans cette boëte est attaché par sa partie postérieure, par de forts tendons qui ne prêtent pas aisément & ne peuvent que très-difficilement se rompre. Par la partie latérale & antérieure il est soûtenu ou retenu par une substance charnuë, graisseuse, nerveuse & tendineuse, qui lui donne de fortes attaches aux parois internes latéraux & antérieurs de la voute du sabot. Lorsque cette chair (qui, quoique très-forte, a moins de résistence que les tendons) vient à se déchirer, corroder ou détruire, de quelque façon que ce soit, la pointe de l'os du petit pied que nous avons dit être semi-circulaire, baisse sur la sole vers la pointe de la fourchette, & avec le tems fait voir au travers une impression en forme de croissant. Cette partie n'ayant plus de soûtien pardevant le cheval est obligé en marchant de poser le talon le premier.

Une humeur maligne qui environne les chairs qui sont autour du petit pied & lui ôte son appui, peut être la cause de cette maladie, c'est pourquoi on voit cet accident arriver dans la forbure, mais on en voit aussi sans forbure à l'occasion d'un coup reçu sur le sabot, ou d'une chûte violente.

Il faut saigner à la pince du pied

malade & mettre des emmielures dans le pied comme à la solbature, page 161. pour empêcher que la corne ne se desseche, & un restrainctif sur la couronne avec la suye, ou le bol & le vinaigre, ou bien avec la therebentine & le miel; s'il n'y a pas d'amandement au bout des vingt-quatre heures, dessolés votre cheval & continués toûjours vos restrainctifs sur la courone.

Des Teignes.

Il n'y a point de partie dans le corps de l'animal exemte de maladie. La fourchete a les siennes, aussi-bien que les autres, elle est quelquefois criblée comme si elle étoit vermouluë, & tombe par morceaux en pourriture. Le mal venant à pénétrer jusqu'au vif, le cheval a des démangeaisons si grandes qu'il lui arrive d'en boiter. Ce mal est plus douloureux que dangereux, mais comme il n'est point de petits maux, il faut y remédier plus tôt que plus tard. On s'apperçoit aisément de ce mal, en ce que les chevaux qui en sont atteints trépignent beaucoup, croyant se soûlager, & que ce mal jette dans toute l'écurie une forte odeur de fromage pourri. Ce mal s'appelle les teignes, parce qu'il est une espece de vers qui piquent le bois de la même maniere que la fourchete de ces chevaux est vermoulue.

Il faut bien parer la fourchete & la lavés avec de l'eau-de-vie ou avec du vinaigre chaud où l'on aura éteint un morceau de chaux vive, & appliquant par-dessus le restrainctif avec les blancs d'œufs, la suye & le vinaigre.

De l'Encloueure.

La dénomination seule de cette maladie en donne l'idée d'abord. On entend aisément que c'est une blessure faite par un clou dans le pied. Le nom eſt pourtant commun à celles qu'un cheval reçoit ou d'un chicot dans un bois, ou d'un éclat de verre, ou d'un têt de pot caſſé, ou autre choſe ſemblable qui ne ſe rencontre que trop ſouvent dans les ruës, & qui piquent ou percent le deſſous du pied, mais comme le pied eſt compoſé de différentes parties, dont il y en a qu'il eſt plus dangereux d'offenſer l'une que l'autre, cela nous oblige à diſtinguer différentes eſpeces d'encloueures. Nous diſtinguerons donc l'encloueure ſimple de la compliquée, nous appellons ſimple celle qui n'a fait qu'ouvrir la ſole & a pénétré peu avant dans les chairs, qui ſont entre la ſole & le petit pied. Compliquée celle qui non-ſeulement a percé la ſole & les chairs qui ſont deſſous, mais encore la pince du petit pied, ou le corps même de cet os, qui s'en trouve quelquefois éclaté. Cette derniere eſt la plus dangereuſe ; car ſi l'os eſt éclaté il n'y a onguent ni médicament qui puisse le guérir sans qu'il en tombe une esquille, & par conséquent sans dessoler le pied, ce qui n'arrive point sans qu'il se forme de filandre ou os de graisse, & presque tous les mêmes accidens décrits au javar. Si l'os n'est point éclaté, mais que les tendons qui vont jusqu'à la pince de l'os du petit pied soient offensés, & que le trou soit rebouché, le mal travail sourdement & il se fait une supuration entre l'os & la corne qui peut faire en peu de jours des progrès d'autant plus grands que l'on tardera davantage à donner issuë à la matiere qui ainsi enfermée soufflera au poil & pourrira tout le pied.

Nous ne parlons ici que de l'encloueure accidentelle & inévitable; car pour celle qui arrive par le manque d'adresse d'un apprenti Maréchal qui encloue un cheval en le ferrant : nous en avons parlé (chap. 5. de la Ferrure) & il suffit ordinairement à celle-la de retirer le clou auffi-tôt, & de ne point faire marcher le cheval que l'on n'ait ôté le clou qui le bleffe.

Auffi-tôt qu'on s'apperçoit qu'un cheval eft encloüé, il faut tirer le clou ou le chicot, en un mot, ce qui le bleffe; & fi le cheval boite, faire fondre dedans quelques goutes de cire d'Efpagne, fi l'on n'a rien de mieux, fi le nerf n'eft point piqué ni le petit pied offenfé, cela peut fuffire, mais cela ne doit fervir qu'en attendant qu'on puiffe avoir la compofition fuivante. Prenés fix onces d'huile de pétrole & douze onces d'effence de therebentine, & les mettés enfemble dans une bouteille de verre double, expofés-les au Soleil pendant fix femaines & gardés pour le befoin, fi vous voulés y ajoûter les fleurs de millepertuis le baume n'en fera que meilleur, vous faites chauffer un peu de ce baume & en verfés dans le trou que vous bouchés avec du coton, vous mettés une remolade par-deffus & ferrés à quatre cloux.

On se sert aussi pour les cloux de ruë du baume de Madame Fueillet qui est excellent, en voici la récette. Prenés demi-livre d'huile d'olive la meilleure, demi-once d'huile de laurier, une once d'huile de geniévre, trois gros d'essence de gérofle, deux gros de vitriol bleu en poudre, autant d'aloës soccotrin en poudre, & autant de therebentine de Venise la plus claire, mettés le tout dans un pot de terre neuf, le remüés pendant trois quarts-d'heure, le laissés boüillir un quart-d'heure, puis rafroidir, puis le mettés dans des bouteilles, c'est un remede dont on s'est servi avec beaucoup de succès pour des plaies sur les hommes même, vous vous en servés comme du précédent.

Moins un Maréchal peut se servir de la sonde, & mieux c'est ; sous prétexte de chercher le mal on en fait un réel.

DES

DES MALADIES DU CORPS.

DE LA FIEVRE.

La fiévre est une accélération dans le mouvement du sang, causée ou par une compression plus forte du cœur & des arteres, ou par l'augmentation de son volume, ou par le mêlange de quelque nouveau principe qui le rend plus actif, ou par tous les trois ensemble.

Comme cette maladie précéde, accompagne ou suit ordinairement toutes les autres, nous la mettons en tête de toutes les autres.

On distingue en général deux sortes de fiévre ; sçavoir, la fiévre essentielle & l'accidentelle ou symtomatique.

Quand la fiévre est la suite d'une autre maladie & qu'elle ne joue que le deuxiéme rôle, on l'appelle symtomatique. Quand elle joue le premier & fait elle-même les principaux accidens, on l'appelle pre-

P

miere ou essentielle.

Cette symtomatique ne fait point l'objet de ce Chapitre. En guérissant la maladie dont elle est le symtôme, elle se dissipe aussi, & nous en avons traité dans plusieurs endroits des maladies de l'Avant-main, comme nous en parlerons encore dans les différentes maladies qu'il nous reste à décrire.

C'est la fiévre essentiellement fiévre, fiévre par elle-même, ou fiévre reglée & portant son caractére propre, que nous voulons décrire.

On la reconnoît à plusieurs signes, Le cheval est dégoûté, a la tête pesante & immobile, les yeux sont tumefiés, il les ouvre avec peine, ils sont remplis d'eau, les lévres pâlissent & tout le corps paroît flasque, les testicules pendent, son haleine brûle & sent mauvais, & l'on s'apperçoit d'une chaleur excessive par tout le corps jusqu'au bout des oreilles, il bat du flanc, il paroît insensible aux coups, & il est si chancellant qu'il semble devoir tomber à chaque pas. Est-il tombé ou couché, il a de la peine à se relever, à moins que ce ne soit dans la violence de l'accès d'une fiévre chaude ; car dans celle-ci c'est tout le contraire, il se roidit, il se débat, & s'agite violemment dans le frisson, les dents lui craquent & il tremble par tout le corps. Quand la fiévre a duré quelque tems on lui trouve la bourse pleine d'ulceres.

On distingue cinq especes particulieres de cette espece, les voici. L'éphemere ou de 24. heures, la tierce, la quarte, la continuë & la pestilentielle.

L'éphemere est donc une fiévre qui ne dure que 24. heures. Cette fiévre n'a point, ou a peu de frisson, elle est violente dans ses accidens ; aussi vient-elle toûjours de cause violente, comme de trop de fatigue, d'un trop grand chaud, d'un trop grand froid, de coups, de faim, de soif, de blessures, &c.

suivant les causes on y apporte différens remedes. Le repos à la fatigue. Une chaleur douce au grand froid. Les rafraîchissans au grand chaud. La nourriture legere à la faim. La boisson à la soif. Les onctions adoucissantes aux blessures & meurtrissures, &c. Cette fiévre ordinairement n'est pas dangereuse, mais comme on ne peut pas prévoir dès le premier jour si elle finira au bout des 24. heures, il est bon de ne la pas negliger comme telle.

La fiévre tierce se reconnoît à son retour périodique de jour à autre ; c'est-à-dire, qu'elle laisse un jour de bon, & le suivant l'accès revient, & ainsi des autres.

La quarte laisse deux jours de bon, & revient le jour suivant, en sorte qu'il y a deux bons jours entre deux mauvais, & un mauvais entre quatre bons.

La continuë n'a point de relâche, mais a quelquefois des redoublemens à chaque jour. Celle-ci est très-périlleuse pour les chevaux & est la plus commune. Quand cette fiévre dure plus de trois jours sans intermission, elle est fort dangereuse.

La derniere enfin est la fiévre pestilentielle ou épidémique, laquelle infecte des Provinces entieres ou tout un camp. Celle-ci se connoît par la promptitude avec laquelle elle ravage tout un Pays en se communiquant d'abord aux chevaux de la même écurie, puis à ceux du canton, & par la promptitude avec laquelle ces animaux périssent. C'est pourquoi il est difficile de réchaper les premiers qui en sont attaqués, & ceux ci qui en sont la victime donnent des avertissemens pour les autres, & apprennent par leur malheureux sort ce qu'il faut faire par la suite. Car il y a un inconvénient dans cette maladie, qui est que s'il en a couru une pareille dans la Province l'année précédente ou quelques années auparavant, les remedes

& la méthode, dont on aura uſé, ne conviendront plus dans cette nouvelle maladie.

Voici les remedes que l'on employe pour la fiévre continuë qui eſt la plus ordinaire. Il faut ſaigner le cheval des deux flancs, & deux heures après vous lui donnerés un lavement compoſé avec catholicon, miel & huile d'olive dans une décoction de mauves & de chicorée ſauvage, laiſſés-le bridé toute la nuit, & s'il y a râlement mettés-le au billot la tête baſſe, & ne le laiſſés manger de 24. heures, il faut réïtérer l'uſage du billot de trois heures en trois heures, pendant un quart-d'heure chaque fois.

S'il n'y a point de râlement, vous lui donnés, avant que de le mettre au billot, demi livre de bon miel blanc ou de Narbonne dans demi-ſetier de vin blanc & vous lui faites prendre tous les deux jours deux onces de baume de copahu dans une chopine de vin, avec un quarteron de sirop de roses.

Du Farcin.

Quoique les Auteurs qui ont traité des maladies des chevaux ayent distingué trois, quatre, six & jusqu'à huit sortes de Farcin, après les avoir examinées toutes avec attention & comparé avec ce que l'expérience nous présente aux yeux tous les jours, nous ne voyons pas que l'on doive en distinguer un si grand nombre.

Cette maladie est une corruption générale de la masse du sang, qui se trouvant apauvri des parties balzamiques & aigri par une humeur âcre & corrosive, cherche à se dépurer à l'extérieur du cuir sous la forme de boutons, qui à la fin se crévent d'eux-même.

Le cheval peut gagner cette maladie par un trop long repos après un grand travail, par une trop grande nourriture après une maladie où il n'aura été ni faigné ni purgé, par avoir reçu des coups ou des plaies qu'on aura negligé de panfer, par avoir mangé de l'aveine nouvelle ou du foin nouveau, pour avoir approché d'autres chevaux infectés de cette contagion, ou par un reflux d'humeurs dont on aura fuprimé l'écoulement, &c.

Quand cette maladie ne vient point de l'intérieur ou qu'elle ne fait que commencer, il paroît feulement quelques boutons volans à différentes parties du corps; car il n'y en a pas une d'exemte. Cette efpece n'eft pas difficile à guérir. Toutes les autres font très-rébelles aux remédes, pour ne pas dire mortelles; ainfi il eft inutile de les diftinguer en rouges, jaunes, blanches & noires, puifque d'une façon ou d'autre elles ne font guéres plus faciles à guérir l'une que l'autre, ni en cordé, à cul de poule, en couillon de cocq, mouchereux, bifurque, taupin, &c. puifque ce ne sont que différentes figures ou métamorphoses d'un même mal.

Cette maladie attaque ordinairement les tendons, quand elle ne les attaque pas on la regarde comme farcin volant.

Ce mal veut être traité & par le dedans & par le dehors.

Il faut commencer par saigner le cheval au col, vous le purgés le lendemain & le jour qui suit la purgation, vous commencés à le mettre à l'usage des Poudres suivantes. Prenés azarum, sassafras & galanga, de chaque un quarteron, pilés le tout & le passés au travers d'un tamis fin, & en donnés demi-once le matin & autant le soir dans le son & dans l'aveine. Quand les poudres sont finies & qu'elles ont bien fait, on en fait de nouvelles. On peut lui donner le surlendemain de la purgation le breuvage suivant par le nés. Prenés une pinte de lait, une once de galanga, & demi-once d'antimoine crud, l'un & l'autre mis en poudre fine, mêlés le tout dans le lait chaud, sortant de la vache, & réïterés de dix en dix jours.

Quand il y a des boutons épanoüis en rose on fait une composition de poudres que l'on applique dessus avec une spatule.

Prenés un demi-quarteron de sublimé, une once de couperose blanche, une once de vitriol bleu, une once de verd de gris, & deux gros de poivre, le tout en poudre fine, passée au tamis, mêlangés-les bien pour le besoin au bout des 24. heures, remettés-en encore & lavés les jours suivans avec oxycrat, pour ôter la puanteur.

Si les boutons sont au jarret, il vaut mieux y mettre un bouton de feu ou des charges émollientes.

Il faut purger le cheval avec les pillules suivantes.

Prenés une once & demi d'aloës, soccotrin, une once de séné, demi-once d'agaric en poudre fine, faites-en des pillules avec un quarteron de beurre & lui faites avaler en une prise, le laissant bridé cinq heures avant & cinq heures après.

Quinze jours après la purgation, prenés deux onces de mercure & une once de souffre amalgamés ensemble dans un mortier avec un quarteron de beurre que vous donnés avec la même précaution à votre cheval, mais seulement de quinze jours en quinze jours.

Les jours intercalaires, c'est-à-dire, entre la purgation, faites-lui un billot avec un quarteron d'assafœtida, & l'attachés haut, jusqu'à ce qu'il ait tout mâché.

On pourroit aussi employer pour purgatif, au défaut des compositions dont nous venons de parler, les pillules de Cinnabre, une chaque fois, ou deux pillules puantes.

De la Pousse.

La pousse est un ulcere, d'un ou des deux lobes du poulmon, provenant d'obstruction dans les parties glanduleuses de ce viscere, accompagné d'une difficulté de respirer considérable.

A cette maladie, parvenuë à son dernier période, se joignent la fiévre, le batement de flanc, la rougeur dans les yeux, l'étisie, un écoulement de matiéres puantes & infectes par les nazaux, une faim canine, & le flanc lui redouble dans la respiration. C'est à-dire, que dans une inspiration le cheval croyant prendre assés d'air par le poulmon, & ne le pouvant, à cause que les glandes du poulmon sont farcies d'humeurs visqueuses, ou sont desséchées, il met sur le champ tous les muscles de la poitrine dans une violente contraction, dans la crainte de suffoquer, pour relever les côtes, ou plûtôt pour parler plus correctement, pour les avancer, afin que l'air entre plus librement dans la poitrine. Ce mouvement qu'on appelle redoubler tend les muscles du bas ventre qui s'attachent aux dernières côtes, & forme le long des flancs une espece de cordon.

Cette maladie provient ou de violents efforts qui auront causé la rupture de quelque vaisseau dans le poulmon & à sa suite un ulcere, ou d'un épanchement de sang dans la cavité du thorax où il sera dégénéré en pus.

Cette maladie peut être héréditaire, elle peut provenir d'alimens trop chauds, comme de vieux sainfoin, de trop de foin & de trop de séjour.

Soleysel a décrit cette maladie comme une faim canine du poulmon, il prétend que ce viscere a besoin d'une quantité excessive de nourriture, & qu'étant affamé dans cette maladie il consomme seul tous les alimens que l'on donne au cheval, & ne pouvant mettre que peu de chose à son profit il aime mieux se défaire du résidu par un déluge d'urine qu'il envoye aux reins par un conduit particulier, connu de son tems, mais dont la route se trouve perduë aujourd'hui, que d'en faire part aux autres membres ses voisins. C'est ainsi qu'il explique la maigreur énorme qui acompagne cette maladie. Il appuie cette découverte qu'il ne doit qu'à lui-même, & dont aucun Auteur François, Italien, Allemand ni Latin, n'avoit parlé avant lui sur des expériences dignes d'attention, & sa Dissertation est très-curieuse jusqu'à la fin; on ne pourroit y desirer que le vrai & le vrai-semblable.

Cette maladie est longue & difficile à guérir, cependant quand elle ne fait que commencer on en peut venir à bout.

Il faut d'abord saigner le cheval au col, deux jours après vous prenés une once de baume de souffre préparé à l'essence de therebentine que vous mettés dans une chopine de vin blanc avec une demi once de crystal minéral que vous faites avaler à votre cheval; deux jours après vous réïterés la même dose, & encore deux autres jours après vous lui donnés encore la même chose en diminüant seulement de moitié la dose du baume de souffre, & continüés ainsi pendant quelque tems à lui en donner de deux jours l'un. Il faut avoir soin seulement de le tenir bridé huit heures avant & huit heures après.

Dès le commencement des remédes il faut mettre le cheval à l'usage d'une des poudres suivantes dans du son ou dans de l'aveine. Prenés fleurs de souffre, fenugrec, sucre Candi, iris de Florence, limaille d'aiguille, reglisse, de chaque un quarteron, mettés le tout en poudre fine, & donnés-en demi-once le matin & autant le soir. S'il étoit dégoûté & qu'il ne voulut pas manger d'aveine, on peut lui donner du son.

Autre.

Prenés réglisse, fleurs de souffre,

baies de laurier, anis verd & sucre Candi, un quarteron de chaque, & en faites du total une poudre fine. On peut donner de celle-ci une once le matin & une autre le soir.

Autre.

Mettés deux livres de fleurs de souffre sur une de limaille d'aiguille, & ajoûtés trois quarterons de réglisse en poudre. Tamisés le tout, cette poudre opérera à demi-once le matin & autant le soir. Si le cheval ne mange point de foin il ne paroîtra pas poussif.

De la Courbature.

L'on appelle courbature dans les animaux ce que les Médecins appellent aux hommes pleuresie ou fluxion de poitrine, effectivement même parmi les hommes les gens grossiers sont accoûtumés de donner ce nom indifféremment à l'une ou à l'autre de ces maladies lorsqu'ils s'en trouvent atteints. La preuve en est aisée à démontrer par la comparaison des accidens qui arrivent également dans les uns & dans les autres. Les premiers qui se manifestent sont une fièvre violente avec les mêmes accidens décrits dans la Pousse, mais comme celle-ci ne vient jamais qu'aux chevaux qui ont passé six ans, la courbature au contraire vient indifféremment aux uns & aux autres. Comme cette maladie est aiguë, violente & courte dans sa durée, elle vient ordinairement d'une fatigue outrée d'un travail excessif ou d'une intemperie de régime extraordinaire, il n'est pas étonnant qu'on la voye accompagnée des mêmes accidens décrits aussi aux articles des jambes foulées & de la forbure, non que la courbature ne puisse se trouver sans ces accidens, mais parce que ces maladies provenant communément les unes & les autres de causes assés

Q

emblables, peuvent fort bien être compliquées les unes avec les autres.

Quand il n'y a point de complication cette maladie ne laisse pas que d'être encore dangereuse & vive, mais elle n'est pas de durée, à moins qu'elle ne soit un reliquat de quelqu'autre maladie qui par sa longueur ou sa violence peut laisser quelqu'altération dans le poulmon.

Les chevaux attaqués de ce mal sont dits courbatus, quelques-uns les appellent panthis.

Prenés une pinte de bierre, demi livre de bon miel blanc, demi-livre d'huile d'olive, trois quarterons de fleurs de souffre, mettés le tout dans la pinte de bierre, & faites avaler avec la corne à votre cheval que vous tiendrés bridé cinq heures devant & cinq heures après.

On peut réïterer le même breuvage cinq à six jours après si le cheval n'est pas guéri.

De la Toux.

Tout cheval qui touffe ne doit pas pour cela être condamné pouffif ni courbatu : quoique cet accident foit un fymtôme de ces deux maladies, il n'en eft quelquefois que l'avant-coureur & n'en eft pas toûjours fuivi. Même fi l'on negligeoit moins ce mal il y auroit moins de pouffes & de courbatures ; une defcription de cette maladie feroit inutile, des oreilles fuffifent pour la reconnoître. Elle n'eft point à négliger. Elle vient quelquefois pour avoir mangé du foin poudreux ou une plume, quelquefois pour avoir avalé de la pouffiére en Eté, & quelquefois eft le commencement d'un morfondement. Quand elle eft opiniâtre & qu'elle dure fans diminüer plus d'un jour, prenés quatre onces de fleurs de fouffre, quatre onces de régliffe fraîche, quatre onces de fucre Candi, deux onces d'anis vert & deux onces de baies de laurier en poudre, prenés le blanc & le jaune de deux œufs & y mêlés deux onces du mêlange de ces poudres avec une once de thériaque, & suffisante quantité d'huile d'olive pour en faire un opiat, & y ajoûtés la grosseur d'une féve de tarc (c'est du gaudron) délayés cet opiat dans une chopine de vin, & le faites avaler au cheval, réïterés de deux jours l'un, jusqu'à ce que la livre de ces poudres soit employée.

On en peut ajoûter aussi dans son aveine demi-once le matin & autant le soir.

De la Gras-fondure.

Nous mettons cette maladie à la suite de la courbature, de la pousse & de la toux, moins parce que le grand travail en peut être la cause aussi-bien que des précédentes, que parce qu'elles ont un signe commun qui pourroit s'y faire méprendre, si l'on n'y faifoit pas une attention particuliere. Mais on évite la furprife en faifant attention aux excrémens; car en les faifant vuider on les trouve coëffés, c'eſt-à-dire, enveloppés d'une matiére femblable à de la graiſſe, & ils fe trouvent quelquefois fanglants. Cette maladie eft très-périlleufe & plus commune aux chevaux gras & qui ont féjourné qu'à d'autres.

Le cheval atteint de ce mal en perd le boire & le manger, bat du flanc où il fent de la douleur, le regarde, & ne peut demeurer couché ni levé. Quand il jette par les nazaux en abondance, ce qui arrive quelquefois, le mal eft fans reſſource.

Auffi-tôt qu'on s'en apperçoit il faut faigner le cheval au col & lui donner des lavemens de deux heures en deux heures, quelques-uns recommandent en lavement comme un fpécifique, le fang tout chaud d'un veau ou d'un mouton qui vient d'être égorgé.

Deux heures après, donnés-lui deux pillules puantes (page 142.) délayées dans chopine de vin ou de bierre, & une heure après, deux autres pillules pareilles jufqu'à quatre prifes d'heure en heure. S'il y a peu, ou point de fiévre, on peut lui donner les poudres précédentes (pag. 183.) & particuliérement la deuxiéme. S'il y a de la fiévre, il faut lui donner le breuvage d'eaux cordiales (pag. 64.) mettés à l'ufage du billot, (pag. 144.) & fi la fiévre étoit violente on pourroit donner le breuvage avec le baume de copahu, pag. 174.

Nota. Que ces pillules puantes peuvent être mifes en ufage dans la forbure, courbature & tranchées avec qui cette maladie a grand rapport, & qui fe rencontrent fort fouvent enfemble.

Les jours fuivans un ou deux lavemens fuffifent par chaque jour.

Du Flux de Ventre.

Puisque nous en sommes sur les maladies du ventre, il convient de traiter d'une maladie qui lui est particuliére, & que l'on nomme diarrhée ou flux de ventre, sous laquelle nous renfermerons deux autres maladies qui en sont des especes plus dangereuses ; sçavoir, la dysenterie & la passion iliaque, que les Maréchaux appellent l'une & l'autre, tranchées rouges.

La simple diarrhée est lorsque le cheval rend ses excrémens plus liquides que de coûtume sans être digerés, & fréquemment.

La dysenterie est lorsqu'il est tourmenté de tranchées, que les excrémens sont sanglants, & que le fondement est fort échauffé & enflammé.

Et la passion iliaque lorsqu'il revient par les nazaux ou par la bouche une espece de matiére glaireufe qui femble venir de l'eftomach, maladie rare; mais qui arrive quelquefois, & a toûjours été regardée comme mortelle.

Cette maladie a un fi grand rapport avec la paffion iliaque ou cholera morbus des hommes, que nous ferions prefque tentés de douter, d'une chofe qui a paffé jufqu'à préfent pour un axiôme inconteftable parmi les Connoiffeurs en cavalerie au fujet du vomiffement des chevaux qu'on rapporte ne leur arriver jamais. Il eft certain que dans cette maladie les chevaux, non-feulement rendent une abondance d'excrémens, mais encore qu'ils rejettent par la bouche une fi grande quantité de vifcofités & de vilainies que l'eftomach paroît devoir en être la fource, quoique l'on fçache fort bien que les glandes, fublinguales & parotides en peuvent fournir beaucoup. En effet, pourquoi dans ces animaux, dont les organes paroiffent difpofés comme ceux de
l'homme,

l'homme, ne seroit-il pas possible qu'il y eut un mouvement *antiperistaltique* ou renversé, & qu'ils pussent aussi-bien rejetter par la bouche que presque tous les autres animaux. Il est vrai que cette maladie est rare parmi les chevaux, mais peut-être est-ce faute d'observations assés exactes que l'on a été toûjours dans cette opinion.

La boisson des mauvaises eaux, aussi-bien que l'usage des mauvais alimens, contribuë beaucoup à ces maladies aussi-bien qu'à la formation des vers, dont nous allons parler dans l'article suivant.

Pour le simple dévoiement, vous faites rougir un morceau d'acier & l'éteignés dans une pinte de gros vin rouge que vous faites avaler au cheval.

S'il y a fiévre ou tranchées, c'est-à-dire, douleurs d'entrailles, vous le faites saigner au col & lui donnés force lavemens avec le bouillon blanc ou la traînasse cuite dans

R

le bouillon de tripes ou dans la décoction d'une fraize de veau bien graſſe ou d'une tête de mouton que l'on fait cuire avec ſa laine, ou bien encore le lavement de ſang chaud, dont on vient de parler au Chapitre précédent, pag. 189.

Enſuite de la ſaignée vous lui donnés un breuvage avec trois onces de thériaque dans trois demi-ſetiers de gros vin rouge.

Faites la même choſe à la paſſion iliaque, mais réiterés pluſieurs fois la ſaignée dans les 24. heures & les lavemens, & faites ronger le carreau à votre cheval pour qu'il jette beaucoup.

On peut ſe ſervir encore du vin émétique, on en donne une chopine. Il ne fait pas aux chevaux le même effet qu'aux hommes, il ne les purge preſque point, & par une mécanique ſinguliere il ſemble les rafraîchir au lieu de les échauffer, & leur donne de l'apétit.

Des Vers.

La corruption des alimens qui ne se digerent point dans l'estomach des chevaux, donne lieu au développement & à la génération de différentes sortes de vers dont les œufs se trouvent semés sur le fourrage & sur les differens grains dont on nourrit les bestiaux. Ces vers incommodent beaucoup les animaux, aussi-bien que les hommes, & peuvent après les avoir crucifié long-tems, leur causer enfin la mort aux uns comme aux autres.

Il en est d'espece plus mauvaise l'une que l'autre, l'usage les fait connoître. Quand un cheval les rend par le fondement il n'est pas difficile de soupçonner qu'il en reste d'autres, mais quoiqu'on ne lui en voye pas rendre il est des signes qui font connoître qu'il en a dans le corps.

Quand on le voit maigrir peu à

peu, quoiqu'il mange beaucoup, & qu'il se frote souvent la queuë jusqu'à se la peler, il y a lieu de soupçonner qu'il est incommodé de vermine.

Il en est une espece fort commune, qu'on nomme moraines, qui ont leur siege dans les replis du fondement qui par sa conformation particuliére conserve le crotin trop long-tems. Les chevaux qui sortent des herbes y sont plus sujets que les autres. Cette espece n'est pas dangereuse & on se contente de les tirer avec la main.

Le breuvage suivant est bon pour toute espece. Prenés trois onces de thériaque, une once de corne de cerf en poudre, & une once & demi d'aloës soccotrin aussi en poudre, mettés infuser dans trois demi-setiers d'eau, & faites avaler.

Deux jours après on peut donner en pillules l'opiat suivant, prenés poudre cordiale, (pag. 44.) une once, sublimé doux, raclure de corne de cerf, aloës foccotrin, de chaque demi-once, incorporés dans suffisante quantité de beurre frais pour en faire un opiat que vous faites avaler pour une prise au cheval.

Ce remede est aussi fort convenable pour le battement de flancs qui accompagne la pousse.

La poudre d'acier & de souffre, (pag. 183.) à la dose d'une once le matin & une once le soir, convient aussi dans cette maladie.

Mettés dans son aveine une once de fleurs de souffre & une once d'antimoine crud en poudre.

S'il a des moraines au fondement, frottés-lui si vous voulés avec de l'essence de therebentine, & s'ils continuent à reparoître, donnés lui le breuvage précédent.

De la Jaunisse.

Quoique cette maladie ne soit pas connuë sous ce nom pour les chevaux, elle ne les attaque pas moins réellement. Il est vrai que les Auteurs qui en ont traité l'ont décrite sous le nom de mal de tête plutôt que sous son véritable nom, mais comme le mal de tête n'est tout au plus qu'un accident de cette maladie, nous avons été obligés de la renvoyer des maladies de l'avant-main où elle se présentoit naturellement sous son autre nom, à celles du corps.

Cette maladie se manifeste de maniére à ne s'y pas méprendre; car outre le dégoût, la foiblesse & la tristesse de l'animal, il a les yeux & les lévres jaunes, & la sérosité du sang qu'on lui tire est entiérement infectée de cette couleur. Cette maladie vient toûjours d'une obstruction ou engorgement du foie & est ordinairement accompagnée de tranchées. C'est pourquoi on y employe assés volontiers les mêmes remedes qu'aux tranchées. Cependant en voici un qui a eu un heureux succès dans cette maladie.

Prenés un demi boisseau de cendres de sarment, & en faites lessive avec quatre pintes d'eau de riviere que vous repassés quatre fois sur les cendres toute bouillante, puis mêlés une livre de bonne huile d'olive & un quarteron de baies de laurier en poudre dans cette lessive passée à clair.

Faites saigner votre cheval aux flancs & le laissés bridé toute la nuit. Le lendemain matin faites-lui avaler deux verres de cette composition bien mélangée & le laisserés encore bridé deux heures après, puis le débriderés & lui donnerés à boire de l'eau blanche & à manger du son mouillé pendant un quart-d'heure, rebridés-le & deux heures après lui donnés deux autres verres de ladite lessive, & lui en donnés ainsi quatre à cinq prises par jour, & le mettés en lieu obscur sur de bonne litiére, éloigné de tout bruit & dans une écurie à part, tant pour éviter la contagion, que pour sa commodité personnelle.

On peut lui faire ronger le carreau un bon quart-d'heure le matin, & lui donner une chopine de vin émétique à la place du précédent, mais le précédent est plus efficace & lui fera jetter de l'eau & de la morve en quantité par le nés. Mais quand l'apétit lui fera revenu, faites-le promener en main un quart-d'heure par jour pendant sept à huit jours, & le purgés avec deux onces de pillules appellées *Cephalicæ minores Galeni*.

Des Tranchées.

Les tranchées sont un tiraillement des intestins causé, ou par l'abondance des matiéres, ou par leur qualité corrosive, ou par un engorgement de sang, c'est ce qui fait trois espéces différentes de cette maladie.

Celle qui vient de l'abondance des matiéres est ordinairement la plus simple. Ce sont la plûpart du tems des vents raréfiés & des matières cruës & indigestes.

Ensuite vient le tenesme qui vient d'engorgement des vaisseaux sanguins. Cette espece de tranchées commence par un dévoiement d'un jour, & finit par des efforts inutiles que fait le cheval pour fianter, ce qui lui cause beaucoup de douleur & le met en danger.

La troisiéme espece a été décrite sous le nom de passion iliaque. Dans celle-ci le mouvement des intestins est renversé & les alimens reviennent par la bouche, ou du moins il revient par la bouche des matiéres gluantes & corrompuës, dont nous avons parlé (p. 192. & 193.) car c'est la même maladie, & c'est cette espece que les Maréchaux appellent des tranchées rouges.

En général on reconnoît qu'un cheval a des tranchées lorsqu'il se débat, qu'il se veautre, qu'il cherche sans cesse à se coucher & à se relever, qu'on entend des brouillemens & des tonnerres dans son ventre, que les flancs lui battent & lui enflent, qu'il les regarde, qu'il bat des pieds de derriere, qu'il tremble, qu'il perd l'apétit, que les testicules suënt & qu'il ne peut uriner.

Prenés demi-setier de bon vin blanc, un verre d'huile d'amandes-douces, deux onces de thérebentine de Venise la plus claire, une once de crystal minéral & deux onces d'essence de geniévre, mêlés le tout & le faites avaler avec la corne. Ce reméde convient dans les tranchées, parce qu'il est propre pour faire uriner.

Il ne faut pas épargner les lavemens doux & onctueux à ce mal.

On peut au lieu du reméde précédent lui donner une once de thériaque avec une pincée de saffran en poudre dans une chopine d'eau-de-vie, ou bien chopine d'eau-de-vie & autant d'huile, mais les deux premiers sont plus efficaces.

Les pillules puantes (pag. 142.) sont aussi bonnes pour guérir de ce mal.

Il y a des Gens qui prétendent que le sternutatoire suivant est excellent pour les tranchées.

Prenés une bonne poignée de lierre terrestre, broyés-la dans vos mains, mettés-en moitié dans chaque nazeau du cheval, & fermés les nazeaux en les tenant avec les mains, comme pour l'empêcher de respirer, l'espace de cinq ou six minutes, lâchés après, le cheval s'ébrouera, se secoura, fientera, urinera & sera guéri.

De la Rétention d'Urine.

Rarement voit-on cette maladie seule, elle est ordinairement la suite des tranchées ou des maladies du ventre. C'est pourquoi on renvoye à ces maladies la, en cas que le mal soit opiniâtre. Mais s'il n'étoit pas accompagné de tranchées le remede suivant suffiroit, faites-lui avaler quatre onces de colophone en poudre dans une chopine de vin blanc.

De la Fortraiture.

On appelle un cheval fortrait, lorsqu'il devient étroit de boyaux, & auquel on voit deux cordons de nerfs qui vont depuis le foureau gagner les sangles extraordinairement racourcis & douloureux, ce qui fait perdre au cheval l'apétit & la nourriture par conséquent. Il est des chevaux qui sans être fortraits sont si maigres qu'il est necessaire de les engraisser, soit pour les pouvoir vendre, soit même pour s'en pouvoir servir. C'est pourquoi nous donnerons tout de suite la maniére d'engraisser les chevaux maigres & dégoûtés.

Des Chevaux maigres & dégoûtés.

Quand on ne connoît point la

cause pour laquelle un cheval qui mangeoit bien auparavant cesse tout à coup de manger, on lui donne un coup de corne dans le palais. Cette manœuvre ordinairement réveille l'apétit du cheval quand il n'y a pas d'autre maladie.

S'il lui vient des especes de cloches dans la bouche, comme de petites peaux blanches, faites-lui manger quelques grapes de verjus si c'est dans la saison.

Si ce dégoût vient d'un vice de l'estomac, mettés-lui deux onces d'assa fœtida enveloppés dans un linge au mastigadour.

Et s'il est fortrait, frottés souvent les deux nerfs retirés, avec onguent d'altheâ & onguent de Montpellier, & lui faites avaler une livre de lard frais sans couene, coupée par rouelles l'une après l'autre de deux jours l'un, & par-dessus un demi-setier de vin.

Les jours d'intervalle vous pouvés le mettre au mastigadour avec l'assa fœtida.

Quelques-uns les engraissent avec des féveroles, c'est la petite espece de féve de marais, mais on prétend qu'elles donnent des tranchées, cela n'arrive cependant pas toûjours.

Les Anglois se servent de la composition suivante & disent que c'est la meilleure de toutes les medecines pour purger, engraisser & donner de l'apétit.

Prenés six livres de fleur de farine, deux onces d'anis, six dragmes de cumin, une dragme & demie de carthamus, une once deux dragmes de fenugrec, une once & demie de fleur de souffre, une chopine d'huile d'olive, une livre & demie de miel, deux pintes de vin blanc, le tout réduit en paste, les simples pulverisées & passées au tamis, faites-en des boules de la grosseur du poing. Le matin & le soir en donnant à boire au cheval, il faut dissoudre une de ces boules dans son eau, la remüant jusqu'à dissolution & la donner à boire; d'abord il la rebutera, mais il ne faut point lui en donner d'autre, jusqu'à ce qu'il la boive.

On se sert encore pour engraisser un cheval & lui donner du boyau d'orge mondée, on en donne tous les matins un demi boisseau dans un seau d'eau.

BLESSURES ET
Enflures sous la Selle & sur le Roignon, & des Cors.

Les uns & les autres sont ordinairement l'effet de la selle qui est trop dure, & des harnois malfaits ou gâtés. Ces maladies negligées peuvent estropier un cheval & le mettre hors de service.

Si ce sont des cors qui viennent & sur le roignon & aux pointes des mammelles de la selle, il faut les amolir en les frotant avec onguent de Montpellier toutes les 24. heures.

S'il y a grande playe & qu'il faille

deffecher, mettés dessus des cendres de coquille d'œuf, de drap ou de savate brûlée, ou bien des feuilles de tabac vert pilé dans la saison, ou de la chaux vive éteinte dans égale quantité de miel.

De l'effort de Reins.

Quand un cheval tombe d'un lieu élevé sur les quatre jambes, & qu'il se trouve avoir un fardeau lourd sur le corps, il est aisé de juger la forte & douloureuse impression que cette chûte doit causer sur les vertebres des lombes, ou plutôt sur les muscles qui les tiennent réünies. Ce que nous avons dit au Chap. de l'Entorse se peut rappeller ici ; avec cette différence pourtant que s'il y avoit luxation, dislocation ou fracture aux reins, il seroit inutile de tenter le moindre secours. Mais il est bien difficile, pour ne pas dire impossible, que cela arrive, à moins que ce ne soit

soit dans un précipice. C'est pourquoi on traite cette maladie comme une forte extension de nerfs & de tendons avec les résolutifs spiritueux & aromatiques.

Prenés par exemple de la lie de bon vin, faites bouillir dedans toutes sortes d'herbes fines, comme sauge, thim, romarin, marjolaine, laurier, lavande, hyssope, &c. faites bien cuire & amollir, exprimés au travers d'un gros & fort linge le jus ou à une presse, & ajoûtés dans ce jus poix noire, poix raisine, poix de Bourgogne, de chaque un quarteron, bol d'Armenie en poudre deux onces, sang dragon, mastich, oliban, noix de Gale, de chaque une once, huile d'aspic & therebentine, de chaque deux onces, faites bien cuire le tout en consistence d'emplâtre bien gommeux & gluant, & appliqués le plus chaud que vous pourrés, sans pourtant brûler le cheval, & frottés auparavant toutes les parties douloureuſes ou offenſées avec de bonne eau-de-vie ou eſprit de vin, puis vous mettés votre emplâtre étendu ſur de bonne toile neuve, & vous ſuſpendés votre cheval pendant neuf jours.

On peut faire une legere inciſion à l'endroit le plus offenſé, & y introduire tous les jours huile d'aſpic, d'hypericum & de pétrole bien mêlangés enſemble.

On peut auſſi ſe ſervir de l'emplâtre rouge ou emmielure rouge.

De la Galle.

Cette maladie eſt un vice de cuir qui devient ulceré, plein de puſtules, & plus épais par l'engorgement de toutes les glandes de la peau qui ſe trouvent abreuvées d'un ſuc âcre & mordicant.

On en diſtingue de deux eſpeces, dont l'une eſt une eſpece de gratelle & eſt ſans écorchure, mais s'étend inſenſiblement par tout le corps.

L'autre vient par plaie, en forme de boutons, qui s'écorchent & font place à une croûte qui tombe ensuite, si elle n'est de nouveau arrachée.

L'une & l'autre se connoissent aisément au coup d'œil, parce que cette galle fait tomber le poil & paroît à la place.

La premiere espece est la plus longue & la plus difficile à guerir, elle peut provenir ou de contagion ou de fatigue ou de misere, pour avoir par exemple souffert la faim & la soif, les injures de l'air & avoir été mal, ou point pansé, principalement aux chevaux entiers & aux chevaux qui tirent au colier.

De quelque espece que puisse être celle dont votre cheval est attaqué, donnés-vous de garde de le panser par des remedes exterieurs pour le guerir de sa galle, le mieux & le plus sûr est toûjours de le traiter intérieurement & de le guerir par le dedans. Les remedes exterieurs donnés sans précaution peuvent faire rentrer l'humeur & causer par consequent une grande maladie. Ils ne sont pourtant pas à negliger.

On peut saigner le cheval au col, pour que les remedes agissent plus efficacement & le purger. Le surlendemain avec une once d'aloës soccotrin, demi-once de séné & deux gros & demi de fenouil en poudre, infusés dans trois demi-setiers de vin, demi-heure avant que le faire avaler.

Il faut observer de ne donner au cheval que la moitié de sa nourriture ordinaire le jour avant la medecine, & brider le cheval cinq heures avant & deux heures après.

Après qu'il aura été saigné & purgé il n'y aura plus de danger de le frotter avec de la lessive commune où l'on aura fait bouillir deux ou trois onces de tabac de bresil ou au défaut, du tabac ordinaire.

Voici encore un liniment qui est

fort bon, & sur lequel on peut compter, quoique fort simple.

Prenés un quarteron de vieux beurre salé, le plus vieux est le meilleur, faites-le fondre avec un demi verre d'huile à brûler, & en frottés la partie le plus chaudement que faire se pourra. Cependant si le garrot en étoit attaqué il faudroit l'appliquer beaucoup moins chaud & le laisser rafroidir, parce que cette partie est fort sensible.

DE L'ENFLURE DES
Bourses & sous le Ventre, & des autres enflûres.

Lorsque nous parlons d'enflûre sous le ventre, nous n'entendons pas dire que les chevaux soient sujets à cette maladie commune parmi les hommes, & qui est ordinairement la suite d'une débauche & d'une intemperance outrée. Les chevaux moins libres de leurs actions & de leur régime de vivre sont aussi moins sujets aux suites fâcheuses qu'apporte le manque de sobrieté ; & l'activité des liqueurs ardentes & spiritueuses qu'on ne leur donne qu'en remede, & qu'ils ne peuvent prendre par consequent avec indiscretion ; les garantit de l'abus que les hommes en font. Ce n'est donc point l'hydropisie dont nous traitons, mais l'enflûre qui paroît entre cuir & chair à differentes parties du corps, & particulierement celle qui vient aux bourses. Celle-ci se distingue ordinairement en trois especes ; sçavoir, la simple inflammation qui ne laisse pas d'être dangereuse, l'hydrocele & la hernie. La simple inflammation peut venir de saletés dans le fourreau, de coups ou meurtrissures reçûes dans ces parties, ou de morsures d'animaux venimeux ou non. L'hydrocele est un amas d'eau ou sérosité dans la cavité des bourses : quant à la hernie nous en traiterons en son lieu.

Les autres enflûres qui arrivent ou aux cuisses, ou aux épaules, ou aux jambes, ou aux flancs, proviennent de chûtes, de meurtrissures ou écorchûres, & alors font tumeurs inflammatoires ou font une espece de dépôt, comme dans la forbure, le farcin & les eaux, &c.

Nous traitons de presque toutes ces especes d'enflûres chacune en leur lieu.

Quand à l'enflûre du fourreau, si c'est en Eté menés le cheval à l'eau une fois ou deux par jour, & l'y laissés une heure chaque fois cela suffira. En Hyver, lavés avec de l'eau qui ne soit pas froide & frottés ensuite avec de l'eau-de-vie & du savon noir fondus ensemble, ou bien avec l'onguent de Montpellier si l'enflûre s'étend jusqu'aux bourses.

Si l'enflûre venoit des piquûres de l'éperon, il suffiroit de faire une forte décoction avec l'herbe appellée bouillon blanc, du vin & de la graisse de porc, en frotter la plaie avec une éponge.

DES MALADIES
de l'Arriere-main.

DU CHEVAL E'POINTÉ,
éhanché, & de l'effort du Jarret.

L'On appelle un cheval éhanché lorsqu'il a fait un effort à la hanche. Le cheval dans cet effort peut se démettre le femur, il peut aussi n'y avoir point de dislocation. On distingue la dislocation en ce que la tête du femur étant sortie de la cavité cotyloide de l'os des hanches laisse paroître un creux à la fesse proche du tronçon de la queuë. Cette marque est une preuve certaine du déplacement de l'os. L'une & l'autre situation sont très-fâcheuses pour le cheval & très-périlleuses, mais la dislocation l'est le plus sans contredit. On traite comme les entorses

torses ou comme l'effort de reins, avec des charges spiritueuses & balzamiques & résolutives, mais la seconde est presque incurable ou si on guerit, c'est par hazard. Voici la manœuvre que font les Maréchaux pour en faire la réduction. Ils attachent au pied du cheval une forte longe qui environne l'extrêmité du paturon. Il faut que cette longe soit fort longue, afin que le cheval puisse faire quelque pas sans entraîner l'autre extrêmité que l'on attache à une branche flexible d'un buisson; quand tout cet appareil est prêt on fait partir brusquement le cheval à grands coups de foüet, & étant surpris par cette longe qui le retient au milieu de sa course & à laquelle il ne s'attend pas, il la tire avec violence; mais en la tirant il s'allonge fortement la cuisse, & l'os dans le moment revenant vis-à-vis sa cavité, peut y rentrer, mais il peut aussi n'y rentrer pas, & c'est double mal. Il faut que la branche du buisson ne soit pas trop forte, afin que de la saccade le cheval puisse la rompre ou l'emporter. C'est pourquoi quelques Maréchaux, sur-tout ceux de Paris, préferent une roue chargée de moëlons, pierres ou autres choses pésantes à la branche du buisson qui peut faire trop de résistance & ne céde pas comme cette roue qui est fort bien imaginée. Mais malgré toutes ces attentions & manœuvres on guerit peu de dislocations par ce moyen. Les mouvemens & les forces ne sont pas assés mesurées, & pour faire une réduction le trop est aussi dangereux que le trop peu de forces : c'est pourquoi on y réussit rarement. Après cette opération on fortifie la partie avec des linimens spiritueux, comme essence de therebentine & eau de vie, & charges que l'on trouve aux Efforts des autres parties.

Au jarret les os ne se démettent point, mais le gros tendon qui va s'insérer à la tête du jarret souffre quelquefois une si violente extension que la jambe paroît pendante, sur-tout quand il range la croupe. On reconnoît encore cette maladie à la douleur & à l'enflûre de la partie. La cure est la même que des précédens Efforts, excepté la saignée au plat de la cuisse & celle au col ensuite, crainte de forbure, & ensuite le séton & le feu.

Tous ces efforts proviennent d'avoir trop étendu la cuisse ou le jarret ou de chûtes, & particuliérement lorsque les chevaux sont trop chargés, & qu'ils sont tellement engagés qu'ils ne peuvent faire que des efforts inutiles pour se relever.

De l'Enflûre à la Cuisse.

Il y a trois causes ordinaires de toutes les enflûres qui surviennent, tant à la cuisse que même aux jambes. Le coup, la foulure & la fluxion. Nous avons dit aux chapitres des Atteintes & de la Nerferure, que les enflûres provenantes de coups ou meurtriſſures, demandoient des réſolutifs ſpiritueux. Les foulures, des remedes aſtringens d'abord, & enſuite d'adouciſſans: Et les fluxions demandent des remedes, tant internes qu'externes, qui puiſſent diſſiper les humeurs & détourner leur cours. C'eſt pourquoi ſi cette humeur vient d'une fluxion gagnée dans l'écurie, comme les jeunes chevaux y ſont ſujets, & qui eſt un reſte de gourme qu'ils n'ont pas bien jettée, il faut en venir à la ſaignée, donner au cheval les breuvages cordiaux preſcrits dans la Gourme, & mettre de bonnes emmielures ſur la partie enflée, comme l'onguent de Montpelier fondu avec la poix noire, ou bien une charge faite avec demi livre de poix noire, autant de poix graſſe, autant de therebentine commune, environ un literon de farine, & demi livre de ſain-doux, &

en cas que la partie enflée fût froide, ce qui est un très-mauvais signe, vous y ajouteriés un quarteron d'huile de laurier.

Du fondement qui tombe, ou sort.

Cette maladie est un prolongement & un relâchement des muscles releveurs de l'anus ou fondement, & d'une partie de l'intestin, ce qui arrive par foiblesse des parties, mais beaucoup plus souvent par irritation, comme à la suite d'un tenesme, d'hémorroïdes ou de l'amputation de la queuë. Lorsque l'enflûre paroît un peu considerable, elle est très-dangereuse, parce que la gangrene est à craindre dans cette partie si elle vient à se refroidir, ce qui en est le signe. Il y a des Auteurs qui recommandent de piquer le siege avec une aiguille, mais une piquûre qui ne peut dégorger beaucoup de sang, est capable d'irriter encore bien plus. Il faut saigner le cheval & frotter l'anus avec huile ou onguent rosat.

DE LA CHÛTE
du Membre & de la Matrice.

L'on appelle fort improprement chûte du membre & de la matrice, lorsque ces parties paroissent relâchées & sortir à l'extérieur plus qu'elles ne doivent. Quand le cheval a uriné la verge doit rentrer dans le fourreau. Quand il ne le fait pas, c'est ou par relâchement ou par irritation. Quand cela arrive par relâchement, c'est précisément ce qu'on appelle chûte du membre. Quand cela vient par irritation, c'est un priapisme, & on dit de ces chevaux qu'ils sont barrés. Cette violente érection cause une si grande inflammation, que tout le reste du corps devient enflé, & que les testicules rentrent entiérement.

Les cavales ne sont pas exemtes d'une maladie fort approchante, que l'on appelle chûte de matrice, qui n'eſt cependant pas la chûte de cette partie, mais le relâchement du canal qui conduit à cette partie, que l'on nomme le vagina. Cette infirmité qui eſt ordinairement la ſuite d'un accouchement laborieux, quand elle eſt conſidérable cauſe des ſuppreſſions d'urine, & la gangrene eſt toûjours à craindre dans ces accidens. Cette maladie s'appelle auſſi hernie ou deſcente de matrice.

Tant pour les chevaux que pour les cavales, il faut uſer de lavemens avec le lait & le miel commun, & adoucir la partie avec onguent roſat, ou huile roſat, ou huile d'hypericon, & mettre votre cheval au ſon & à l'eau blanche. Si l'inflammation étoit conſidérable & qu'on eut lieu de craindre la mortification, il faudroit baſſiner avec eau vulneraire ou eau-de-vie dans un verre d'eau tiéde.

Si c'étoit un cheval barré, vous

le meneriés à l'eau courante & l'y laisserés suivant la fraîcheur de l'eau, plus ou moins long-tems le matin & le soir.

Des Hernies.

En parlant de l'enflûre dessous le ventre, & de celle des bourses dans les maladies du corps nous avons dit que celle-ci provenoit quelquefois d'un effort, c'est ce qu'on appelle précisément hernie ou descente. C'est lorsqu'un des intestins trop comprimé dans le ventre par l'effort des muscles, cherchant à s'échapper, force la partie la plus foible du péritoine à l'endroit où passe le cordon des vaisseaux spermatiques, & descendant le long de ce cordon vient joindre par son poids le testicule qui est dans la bourse du même côté, & fait avec lui une tumeur si considérable, qu'elle met le cheval en danger de perdre la vie, s'il n'est promtement secouru.

Il faut auffi-tôt que l'on s'en apperçoit tâcher de faire rentrer la tumeur. Si l'on n'en peut venir à bout, il faut jetter le cheval par terre fur un terrain mol, ce qui fe fait en lui mettant les entraves, puis le renverfer & lui écarter les jambes de derriere pour tâcher de faire la réduction du boyau, & quand elle eft faite, appliquer deffus les bourfes pour les refferrer & raffermir auffi le péritoine, l'emmielure rouge que vous compofés ainfi : Prenés fuif de mouton, une livre & demie, graiffe de chapon ou de cheval ou fain-doux, une livre, huile tirée des os de bœuf ou de mouton, ou au défaut huile de lin ou d'olive, demi-livre, gros vin rouge le plus foncé deux pintes, poix noire & de Bourgogne, de chaque une livre, huile de laurier, quatre onces, therebentine commune une livre, cinabre en poudre quatre onces, miel commun une livre & demie, fang dragon trois onces, onguent de Montpelier demi-livre, eau-de-vie demi-setier, bol fin ou du Levant en poudre trois livres.

Ayez un chaudron ou une bassine, & mettés dedans, le suif, la graisse de chapon, l'huile des os & le vin, faites cuire à petit feu tous ces ingrediens, jusqu'à ce que le vin soit consumé, remuant de tems en tems, puis mettés vos poix, faites-les fondre & ajoûtés l'huile de laurier & l'onguent de Montpelier. Retirés du feu & y mettés alors la therebentine & la remüés bien, ensuite mêlangés bien le sang dragon, après cela le miel, & enfin le bol en poudre fine, depuis que la matiére est hors de dessus le feu il ne faut cesser de la remüer, jusqu'à ce qu'elle soit totalement refroidie. Quand elle est froide ou presque froide, vous y jéttés un demi-setier de la plus parfaite eau-de-vie, & pour y donner du corps vous y ajoûtés suffisante quantité de fine fleur de farine de froment.

Cette composition est un peu longue à faire, mais en récompense elle se garde un an, & son usage est si excellent que si ce n'étoit la cherté des ingrediens, nous l'employerions par-tout où nous prescrivons l'emmielure commune.

Comme l'onguent de Montpellier entre dans cette composition, & que nous recommandons souvent l'usage dans plusieurs maladies décrites dans ce Livre, nous en donnerons ici la description. Il est très-aisé à faire, puisque ce n'est que le mélange de parties égales de populeum, onguent d'altheâ, onguent rosat & miel, mélangés à froid dans un vaisseau. Cet onguent est si efficace qu'il peut suppléer, en cas de besoin, à presque toute charge ou emmielures. On peut après avoir appliqué cette charge, ou au défaut de cette emmielure, appliquer sur les bourses la préparation suivante qui forme un petit matelas fort astringent.

Prenés racines de grande conſoude, écorce de grenade & de cheſne, noix de Cyprès & de Galles vertes, grains de Sumach & d'épine Vinette, de chacun quatre onces, ſemence d'anis & de fenouil, de chacun deux onces, fleurs de Grenade, camomille & melilot, de chaque deux poignées, alum crud en poudre, une demi-livre, mettés tout le reſte en poudre groſſiere & en rempliſſés un ſachet qui puiſſe envelopper les teſticules & au-delà, faites piquer ce ſachet comme on pique un matelas, & le faites boüillir dans du vin de prunelles ou dans du gros vin de teinte, avec un litteron de groſſes féves. Appliqués ce petit matelas tout chaud ſur les teſticules & le retenés adroitement par des bandages convenables : ſi ces remedes ne ſuffiſoient pas, ou que l'on n'eut ni le tems ni la commodité de les faire, le plus court & le plus ſûr ſeroit de châtrer le cheval.

Soleyfel parle d'une espece de fufpenfoir fait exprès par un Ecuyer de fa connoiffance, par le moyen duquel des chevaux qui n'auroient pas pû faire un feul pas terre à terre étoient en état de faire des fauts de force. Ce fufpenfoir tenoit lieu à ces chevaux des bandages dont ufent les hommes, mais il faut beaucoup d'adreffe pour les conftruire, & cette heureufe invention eft perduë, peut-être avec un peu de foin & d'attention pourroit-on la retrouver.

Du Veffigon.

Le veffigon eft une tumeur de la groffeur de la moitié d'une pomme, plus ou moins, fuivant le tems de la formation fitué entre le gros nerf ou tendon, & la pointe du jarret à la partie fupérieure & poftérieure du canon. Comme il y a un intervale entre l'os de la cuiffe & le gros nerf, en preffant cette tumeur du côté où elle paroît le plus, elle passe par dessous cette arcade & se manifeste aisément de l'autre. Ces tumeurs viennent ordinairement de fatigue, & quelquefois le repos seul les dissipe. Ces tumeurs sont sans douleur, il est vrai qu'elles ne sont pas aisées à guérir ; mais ordinairement elles n'incommodent pas beaucoup le cheval dans les commencemens ; car même quand elles sont récentes on ne s'en apperçoit point quand le cheval plie le jarret. Mais quand les deux jarrets sont tendus & qu'il est campé, la comparaison fait remarquer la différence.

On prétend que les écuries qui sont trop en talus sont capables de procurer ce mal.

Il vient aussi à la suite d'un effort du jarret & pour avoir été monté trop jeune. C'est pourquoi la plûpart des chevaux Normands, qui communément sont montés dès trois ans, y sont fort sujets.

Pour ôter ce mal, il faut résoudre & resserrer, c'est pourquoi, prenés trois onces de galbanum & autant de mastic, avec une livre du bol du Levant, & en faites une charge avec une pinte de fort vinaigre, ou bien servés-vous du pain chaud & de l'eau-de-vie comme aux molettes. Si ces remedes ne réussissent, ayés recours au feu pour arrêter du moins les progrès de ce mal. Ou bien, faites l'opération, qui se pratique en donnant dessous, une pointe de feu qui perce la tumeur dans la partie larérale & inférieure à l'endroit le plus gros, pour donner écoulement aux eaux rousses qui y sont contenuës, vous mettés dedans une tente chargée de supuratif & par-dessus une emplâtre d'onguent de ceruse qui enveloppe tout le jarret pour resserrer la tumeur & en faire sortir les eaux qui y sont contenuës, bassinés ensuite de quatre en quatre heures avec de la lie de vin aromatique, & sondés de jour à autre avec la spatule graissée de basilicum, de crainte que le trou ne se rebouche trop tôt. Il faut avoir soin de saigner le cheval & de le purger, crainte de forbure.

De la Courbe.

C'est une tumeur longue & dure, qui fait enfler le gros nerf ou tendon du jarret à la partie interne, & cause quelquefois enflûre & douleur jusqu'au bas du pied. Cette tumeur est un amas d'humeurs gluantes & visqueuses échappées par la rupture de quelques filamens nerveux du jarret qui aura été forcé par trop de travail, ou dans une grande jeunesse. Elle augmente depuis la grosseur d'une aveline ou d'une noix, jusqu'à un volume excessif, & naît plus bas que le vessigon. Quand elle est récente, on applique dessus un rétoir, c'est ce que les Apoticaires appellent un vésicatoire pour les hommes, mais si elle est ancienne le feu même y fait peu de chose, il est pourtant seul capable de l'arrêter. Il ne la dissipe pas, mais du moins il en empêche le progrès.

De la Varisse.

La varisse est une tumeur molle, longue, située ordinairement à la partie latérale interne de la jambe, tant postérieure qu'inférieure, provenante d'une dilatation de veine qui est gorgée de sang. Cette tumeur n'est point de conséquence, mais elle dépare un cheval, & peut effrayer un acheteur qui ne sçait ce que c'est, quoique le cheval n'en boitte pas & ne laisse pas de travailler aussi-bien qu'à son ordinaire. Cette maladie est aussi-bien que la précédente le fruit d'un travail outré ou prématuré.

On peut, si l'on veut, barrer la veine au-dessus & au dessous, & frotter l'enflûre qui survient avec de l'huile de laurier ; mais à cause de l'enflûre qui survient, en barrant la veine je préférerois deux ou trois raies de feu qui n'entameroient point la veine, & pourroient la resserrer, ou du moins comme aux maux précédens, l'empêcher de grossir.

De l'Eparvin.

On distingue trois sortes d'éparvins. L'éparvin sec, l'éparvin de bœuf & l'éparvin calleux.

L'on appelle éparvin sec, une maladie du jarret où il ne paroît ni tumeur ni ulcère, mais dont on s'apperçoit aisément, parce que le cheval harpe au sortir de l'écurie, relève sa jambe plus haut que les autres, & la rabat plus vîte contre terre. Ce mouvement est si marqué & si sensible, qu'il n'est pas possible de s'y méprendre, parce qu'il a quelque chose qui tient du convulsif, ce mal n'est pas douloureux ordinairement dans les commencemens, mais il fait boiter un cheval à la fin.

L'autre espece que l'on nomme éparvin de bœuf, parce que ces animaux sont fort sujets à cette maladie, se remarque par une tumeur qui vient sur les petits ossclets du jarret, à la partie interne sur le vaisseau, comme une espece de suros insensible d'abord, mais qui croît avec le tems considérablement & est toûjours assés molle, le cheval n'en boite pas toûjours.

Mais quoique l'on voye quelques chevaux avoir de ces sortes d'éparvins & n'en pas boiter, il ne faut pas s'y fier; car il y en a une troisiéme espece qui vrai-semblablement n'est que cette seconde espece dégenerée ou plutôt augmentée, & qui n'en différe qu'en ce que la tumeur est dure, calleuse, & que le cheval en boite tout bas. Cette espece est la pire de toutes, & est très-difficile à guérir.

On distingue l'éparvin de la courbe, en ce qu'il ne vient jamais si haut que celle-ci.

Comme l'éparvin sec n'est autre chose qu'une grande roideur dans le jarret, on employe tout ce qu'il y a de plus émollient pour assouplir cette partie, & en rendre les ressorts plus liants.

Vous n'avés qu'à prendre un demi verre de quelque huile émolliente, comme huile de lys ou autre, avec un verre de vin, battre le tout ensemble & en oindre le jarret.

Il y a des gens qui, pour ce mal, barrent la veine & coupent le nerf qui est à côté de la veine, ce que quelques-uns assûrent avoir vû réüssir sur le champ. Cette observation donneroit lieu de penser que ce mal ne seroit qu'un dessechement ou obstruction du nerf qui se raccourcit & tient la partie comme bridée, vous observerés aussi qu'en parlant ici du nerf, nous entendons proprement le nerf & non le tendon. C'est pourquoi nous avons employé le mot de tendon de crainte d'équivoque par-tout où il convenoit, quoique ce mot soit peu connu dans la Cavalerie, & qu'on y substituë ordinairement celui de nerf qui est impropre.

Les Marchands de chevaux se servent pour toutes les grosseurs du jarret d'un mêlange de blancs d'œufs, de vinaigre & de terre glaize, mais le bol qui coûte un peu plus est aussi plus efficace & est par conséquent préférable, mais tous ces remedes ne font que pallier le mal pour quelques jours, il faut donc avoir recours au feu qui est le seul remede efficace pour ce mal.

Du Jardon ou de la Jarde.

C'est une tumeur calleuse & dure qui fait une grande douleur à la jointure où elle vient, elle est quelquefois si grande qu'elle embrasse la partie interne & externe du jarret, & monte quelquefois au-dessus des osselets. Cette maladie vient encore plus bas que la courbe, & commence par le dehors du jarret.

Elle est communément héréditaire, elle peut être cependant le fruit d'un effort comme d'un arrêt trop subit au bout d'une course précipitée.

Il n'y a guéres d'autre remede à ce mal que le feu, cependant pour le donner avec succès & de façon qu'il paroisse moins, on peut amolir la partie avec des emplâtres résolutifs tels que *Diachylon cum gummi* & le *Diabotanon* mêlés ensemble, & un tiers d'onguent d'althéâ. Au bout de sept à huit jours, vous trouverés la dureté amolie & peut être même dissipée ; mais comme il est impossible que ce soulagement soit de durée, que le mal soit dissipé ou non, vous mettés dessus le feu en forme de plume & vous barrés la veine avec le feu legerement dans deux ou trois endroits.

Du Capelet.

On appelle capelet de petites tumeurs qui viennent au bas de la partie postérieure du canon. Mais ce nom est plus particuliérement consacré à une tumeur qui vient sur la pointe du jarret qui ne fait pas grande douleur dans l'abord & provient ou de coups ou de ce que le cheval s'est frotté contre quelque chose de dur, comme il arrive aux chevaux de carrosse qui se donnent des coups ou se frottent aux pannoniers, aux piliers ou aux barres de l'écurie. On guérit ce mal assés aisément dans les commencemens, & il ne le faut pas negliger alors, parce que l'on n'en vient pas aisément à bout quand il est vieux, & que le cheval n'est plus capable d'un grand travail.

Pour emporter ce mal il faut frotter plusieurs jours de suite la tumeur avec de l'eau-de-vie camfrée, ensuite y appliquer la charge du vessigon. Si cela ne suffit pas, vous userés de l'emplâtre de Soleysel, qui est excellent pour ce mal. On le compose ainsi.

Prenés galbanum une once, gomme ammoniac trois onces, opopanax une once & demi, faites infuser le tout pendant deux jours entiers dans une chopine de vinaigre chaud, puis faites cuire jusqu'à ce que le vinaigre soit à moitié consumé, & le passés chaud à travers un linge, puis remettés ce mêlange sur le feu pour le faire épaissir, & quand il commencera à s'épaissir ajoûtés-y poix noire & poix résine, de chaque quatre onces, de therebentine deux onces, mêlés le tout & en faites une emplâtre que vous appliquerés sur le mal & vous le renouvellerés tous les neuf jours jusqu'à ce que la tumeur disparoisse. Si ce remede ne suffisoit pas, passés un séton au travers la tumeur pour en faire sortir les eaux rousses

rousses qui pourroient gâter le tendon, ou bien mettés-y le feu en étoile.

Des Solandres & des Rapes.

La solandre est précisément au pli du jarret, ce qu'est la malandre à celui du genouil, l'une & l'autre sont des crevasses qui suintent des eaux, ordinairement elles sont longitudinales de haut en bas quand elles sont transversales on les appelle rapes.

La solandre est plus rébelle que la malandre, c'est pourquoi on saigne & on purge de deux mois en deux mois les chevaux attaqués de solandres.

On fait une charge avec les herbes aromatiques bouillies dans cinq à six pintes de lie de vin, avec chopine d'eau-de-vie & demi-livre de sain-doux ou vieux oing. Quand l'inflammation est passée on se sert pour achever de dessecher de la moutarde ordinaire.

X.

Des queuës de Rats ou Arrêtes.

On appelle arrête ou queuë de rat une espece de croûte dure & écailleuse qui vient tout du long du tendon qui va aboutir au paturon, & qui fait tomber le poil. Il en est de seches & d'humides, c'est-à-dire, qu'à quelques-unes, de dessous ces croûtes il suinte des eaux rousses, à d'autres non.

L'on se sert pour ce mal de dessicatifs. En voici qui sont éprouvés, mais on en peut faire une infinité d'autres sortes. Prenés noix de galle, alun & couperose, de chaque un demi quarteron, faites bouillir le tout dans deux pintes d'eau & en lavés la partie.

Ou bien, prenés vert de gris deux onces, couperose autant, incorporés dans un quarteron de miel & en frottés les arrêtes, & la guérison suivra en peu de tems.

Des Eaux.

Ces eaux sont une humidité blanche, gluante, visqueuse & puante, qui suinte au travers du cuir sans y faire d'ouvertures. Ce mal commence par les côtés du paturon, & gagne toute la jambe en remontant & fait tomber le poil par son âcreté corrosive. L'enflûre & la douleur en sont les premiers signes. Quand le mal vieillit, il survient des crevasses & des poireaux qui rendent le mal presque incurable; car dans cet état les eaux détachent quelquefois le sabot d'avec la couronne au talon.

Les chevaux Flamands & Hollandois sont plus sujets à ce mal que ceux des autres Pays, tant comme à une maladie héréditaire, que comme provenante de l'humidité des marécages & pâturages trop aquatiques où ils ont été nourris. Les chevaux fatigués peuvent aussi gagner ce mal, & c'est une marque d'une jambe usée.

Quand il y a inflammation, on fait un cataplâme avec le lait, la farine, le miel, la terebentine & la poix de Bourgogne, (c'est l'emplâtre blanche) dont on a soin de renouveller l'application toutes les vingt-quatre heures.

S'il n'y a point d'inflammation, ou l'inflammation passée on lave la jambe enflée avec la composition suivante.

Prenés six pintes d'eau, demi-livre d'alun, autant de couperose blanche, un quarteron de noix de Gale, & deux gros d'arsenic; le tout en poudre, faites tiédir seulement dans un pot & en bassinés la partie.

On peut encore se servir de cette préparation-ci, qui n'est pas fort différente;

Prenés deux livres de miel, demi-livre d'alun, autant de couperose, un quarteron de noix de Gale, une once de sublimé, le tout en poudre passée au tamis, mettés sur le feu, & aussi-tôt que le miel commence à boüillir retirés & en oignés la partie.

Ce même remede est bon pour les poiraux.

Des Mules Traversieres.

Cette maladie provenant de l'acrimonie d'une humeur qui cauterise la partie où elle a son cours, se trouve placée naturellement à la suite des Eaux. Cette maladie est proprement une crevasse qui se forme dans les plis de la partie postérieure du boulet, & descendant même dans le paturon où elle détache la corne du talon d'avec le cuir, & lors elles sont dites mules nerveuses qui sont les plus dangereuses. Cette maladie est fort douloureuse en ce que la douleur se trouve précisément dans le centre du mouvement qui est la jointure, ce qui la renouvelle à chaque pas.

Pour panfer ce mal, il faut faire brûler dans une poële, une demi-livre de beurre falé, & en faire des onctions.

Ou bien, faire legerement bouillir demi-livre de miel avec couperofe blanche & noix de Galle, de chaque une once; & en ufer de même.

On peut encore fe fervir d'une pinte de lait dans laquelle on aura fait bouillir un quarteron de couperofe blanche.

Poiraux ou Verrües.

Tout le monde connoît cette tumeur à laquelle les hommes font fujets, ainfi que les animaux. Cette tumeur provient de l'extravafation furabondante du fuc nerveux qui compofe le rezeau de la peau, & forme ces éminences grenües & canelées qui couvrent la fuperficie de cette excroiffance, fa fubftance eft d'une dureté plus grande que celle de la peau & approche de la consistance de cette corne particuliere aux chevaux, que l'on appelle châteigne. Ce mal est incommode & dangereux. Incommode, parce qu'on le guérit souvent, & il revient de même ; & dangereux, parce qu'à la fin il devient incurable.

Il faut couper les poiraux & appliquer dessus la poudre pour les boutons du farcin, pag. 178. étenduë sur un plumaceau, & réiterer au bout des vingt quatre heures s'il convient, & appliquer ensuite l'onguent dessicatif des eaux, pag. 244.

Du Fic.

Le fic est une excroissance spongieuse & fibreuse, approchante de la nature de la corne ramollie qui naît à la fourchete dans les pieds élevés & creux qui ont le talon large. Cette maladie est ordinairement un reflux de quelqu'humeur maligne dont on a supprimé le cours par des remedes astringens, comme des eaux dessechées, d'un reste de forbure ou de farcin. Ce mal est plus commun par cette raison aux chevaux qui ont les jambes rondes & gorgées qu'aux autres. Lorsqu'on les traite avec des dessicatifs trop forts, il arrive alors que la matiére soufle au poil & offense auparavant le tendon & le petit pied, ce qui est très-dangereux. Ce mal est beaucoup plus considérable que le précédent & est aussi traître; car après avoir été guéri en apparence, on ne doit pas être surpris de le voir reparoître deux ou trois mois après. Ce mal étant negligé élargit & applatit considérablement le pied, & le rend très-difforme. Quand ce mal n'a pas atteint le tendon, le cheval ne paroît pas en boiter aux premiers pas qu'il fait, mais on découvre bien-tôt son mal.

Les pieds de derriere comme plus sujets à être dans l'humidité, sont aussi plus souvent attaqués de ce mal; comme les pieds de devant, par une raison contraire sont plus sujets aux seimes.

 Il seroit inutile de songer à guérir un fic s'il y avoit des eaux à la jambe, parce que la source du mal ne tariroit pas & prendroit son cours par le fic, c'est-à-dire, par le mal même que l'on voudroit guérir, & abreuveroit continuellement une partie que l'on veut dessecher. Il faut premierement songer à guérir les eaux, comme il a été prescrit, après cela parer le pied pour pouvoir plus facilement couper la sole tout autour du fic avec la feuille de sauge ou le bistouri. Il est à remarquer que de cette premiere opération dépend souvent la promte ou la longue guérison du fic, parce que ce mal ayant des racines qui s'étendent avant sous la sole, si on les emporte entieres en les détachant avec dexterité, le mal guérira promtement, & si vous en laissés quelques racines, le mal sera plus long & plus difficile à traiter que devant. Quand la sole est levée vous ratissés bien exactement tout ce qui paroît tenir de la nature du fic avec votre feuille de sauge, évitant cependant, autant que faire se peut, de couper d'artere qui pourroit fournir du sang. S'il y avoit hémorrhagie vous appliqueriés dessus pour premier appareil un restrinctif fait avec suie de cheminée & terebentine cuites ensemble en remüant toûjours, afin que la matiere ne se gruméle point, étendûës sur des étoupes : s'il n'y a point d'hémorrhagie, vous étendés sur des plumaceaux l'onguent suivant à froid.

Prenés deux livres de miel, chopine d'eau-de-vie, six onces de verd de gris passé au tamis, six onces de couperose blanche, quatre onces de litarge, deux gros d'arsenic & demi quarteron de noix de Gale, le tout en poudre très fine que vous mêlangés ensemble dans un pot de terre bien net, & que vous faites épaissir insensiblement sur un petit feu jusqu'à ce que la composition soit suffisamment épaisse. Il faut remüer de tems en tems cette composition pour qu'elle soit bien liée.

Les deux premiers appareils doivent rester en place au moins deux fois vingt-quatre heures chaque, en levant l'appareil il faut examiner si l'on n'a point laissé de racine à ce fic, bien essuyer avec des étoupes bien séches, & si l'on ne trouve point qu'il ait été laissé de racines, laver avec de l'eau seconde & panser avec l'onguent décrit, mais ne mettant de l'onguent que dessus le fic & ayant soin par-dessus les plumaceaux de mettre des rouleaux ou petits plumaceaux épais, & seulement imbibés d'eau-de-vie des deux côtés du fic pour l'empêcher de s'étendre, puis vous remettés vos éclisses & tenés le pied le plus séchement qu'il est possible.

Si à la levée du troisiéme appareil il vous semble que le fic s'élargisse au lieu de se resserrer, ajoûtés à une partie de votre composition trois onces de bonne eau forte & pansés avec. Si le fic au pansement suivant paroît diminué, prenés l'onguent simple & ne vous servés de celui où vous aurés ajoûté l'eau-forte, que lorsque les chairs surmonteront.

Si le fic gagnoit le dedans du sabot ou le tendon, traités-le alors comme le javar encorné, faites-en de même quand la matiére souffle au poil, & vous servés le moins que vous pourrés de cauteres violents.

Si le cheval perd l'apétit, donnés-lui des lavemens avec le sel polycreste, & lui faites manger tous les jours du foie d'antimoine dans du son mouillé, à la dose d'une once.

Quand la cure est achevée, il n'y a pas d'inconvénient pour éviter la récidive de barrer les deux veines du paturon.

TRAITÉ
DES
OPERATIONS
DE CHIRURGIE
Qui se pratiquent sur les Chevaux.

De la Saignée.

A premiere de toutes les opérations, ou plutôt celle que l'on employe le plus frequemment, est la saignée. Cette opération se fait sur presque toutes les parties du corps. On la fait à la langue, au palais, au col, aux ars, aux

flancs, au plat de la cuisse en dedans, à la pince & à la queuë.

Il est des saignées ausquelles, avant de les faire, on serre avec une corde la partie où passe le vaisseau duquel on veut tirer du sang. Il en est où l'on n'employe point cette ligature.

Il en est qui se font avec un instrument qu'on appelle flamme. Il en est qui se font avec la lancette.

De la Saignée au Col.

Communément on ne fait de ligature que pour la saignée au col. Cette ligature se fait avec une corde que l'on passe autour du col, & que l'on serre par le moyen d'un nœud coulant. Il faut prendre garde à ne pas trop serrer, parce que si l'on comprimoit trop les vaisseaux & les nerfs du col, le cheval s'étourdiroit & tomberoit roide sur la place, & de sa chûte pourroit se tuer, ce que l'on a vû arriver plus d'une fois. S'il a un filet dans la bouche on a foin de le remuer, afin que le mouvement des mâchoires faffe gonfler la veine, s'il n'a point de filet on fait la même chofe en lui mettant les doigts ou un bâton dans la bouche. Quand on a trouvé le moment où la veine paroît fuffifamment gonflée, on pofe la flamme deffus & avec une clef ou le manche du brochoir on donne un coup fec deffus pour couper le cuir qui eft fort dur & le vaiffeau, d'un feul coup. En donnant le coup trop brutalement on pourroit eftropier un cheval, mais l'ufage fait prendre un jufte milieu que les Livres ne peuvent indiquer. Quand vous avés affés de fang vous pincés les deux lévres de la plaie que vous avés faite, & les percés d'outre en outre avec une épingle, autour de laquelle vous tortillés en croix de S. André, du crin, que vous noüés de deux nœuds,

Le lieu de cette saignée est quatre doits au-dessous de la fourchete. On appelle fourchete une bifurcation de la veine qui paroît manifestement sur le col. Plus haut on n'auroit qu'un petit vaisseau, & plus bas on trouveroit trop de chair.

De la Saignée à la Langue.

Toutes les autres saignées se font sans corde, même celle de la langue. On se contente de la tirer doucement dehors, de crainte de l'arracher, parce que ses attaches sont plus délicates qu'à aucun animal. On la retourne un peu, & on donne un coup de lancete dans les vaisseaux qui paroissent à la partie inférieure, on la laisse saigner à discrétion, parce que le sang s'arrête de lui-même, & que ces vaisseaux en fournissent peu. Cette saignée se pratique ordinairement pour les avives.

De la Saignée au Palais.

Pour celle du palais rien n'est plus commun. Les Palfreniers sont dans l'usage de la faire sans demander avis, aussi-tôt qu'ils voyent leurs chevaux dégoûtés ils ont un morceau de corne de cerf applati, tranchant & pointu par le bout, dont ils donnent un coup le matin à jeun dans le troisiéme sillon du palais. Cette saignée n'est pas toûjours sans danger ; car on a quelquefois de la peine à étancher le sang. Quand cela arrive il faut faire un plumaceau avec de la filasse & le saupoudrer de vitriol, l'appliquer sur le mal & pardessus mettre un gros tampon de filasse que vous appuyés par un bandage qui passe pardessus le nez, & vous attachés votre cheval avec son licol un peu haut par les deux côtés, & le laissés cinq ou six heures sans le délier.

DES SAIGNÉES
qui se pratiquent aux Ars, aux Flancs & au plat de la Cuisse.

Les saignées aux ars, aux flancs & au plat de la cuisse se font sans ligature, on se sert de la flamme, & ensuite de l'épingle.

De la Saignée à la Queuë.

On saigne à la queuë pour un ébranlement ou effort de reins. Cette saignée se pratique de différentes façons ou en coupant un nœud en entier, ou en fendant la queuë par une incision cruciale, ou en figure de T, ou en donnant dedans, plusieurs coups de flamme.

Si c'est un cheval à courte queuë, vous n'en coupés point de nœud, parce que la moële allongée perçant jusqu'au trois ou quatriéme, il pourroit en survenir des accidens, outre la difformité; vous vous contentés de faire une incision longitudinale à la partie inférieure & une transversale ou horisontale au bout, ou bien au lieu de la faire au bout vous la faites à un ou deux pouces au-dessus, ce que les Maréchaux appellent faire le gâteau.

Pour la demangeaison (courte ou longue queuë) on ne la fend point, & on ne coupe point de nœud, l'usage est d'y donner des coups de flamme dessous & sur les côtés.

A ceux qui ont la queuë longue & dont on ne se soucie pas de conserver les crins, on en coupe un ou deux nœuds, mais c'est une pratique inutile & plus douloureuse qu'il n'est necessaire.

A toutes ces saignées on laisse couler le sang aussi abondamment qu'il peut, & on ne cherche point à l'étancher.

De la Saignée à la Pince.

Enfin, on saigne aussi sous la

pince pour les jambes gorgées, effort d'épaule, étonnement de sabot, &c. on déferre le pied, on le pare mince & on creuse avec le coin du boutoir de la largeur d'une piece de douze sols, jusqu'à ce que le sang vienne. Remarqués que c'est au bout de la pince & non près de la fourchette, comme font quelques Maréchaux, qu'il faut creuser. Vous tirés environ deux livres de sang, puis vous bouchés le trou avec poivre & sel sur un plumaceau, vous mettés par-dessus une bonne emmielure sur un large plumaceau, de crainte que la corne ne se desseche après avoir ferré le cheval à quatre cloux & une éclisse, pour tenir le tout en état.

De la Saignée au Larmier.

Pour la saignée au larmier elle n'est point d'usage aujourd'hui, & on ne la fait que quand on veut le barrer, seulement pour assûrer le

Maître du cheval qu'on a sûrement lié le vaisseau.

Toutes ces opérations se font ordinairement à la main, mais en voici une qui plus douloureuse & plus longue que les précédentes, demande communément que le cheval soit mis dans le travail pour la sûreté de l'Opérateur, du cheval même & des assistans.

De la maniere d'églander.

On églande ordinairement un cheval à qui les glandes s'engorgent & s'endurcissent dans la braie ou vers l'angle de la mâchoire, c'està-dire, derriere la ganache. Après l'avoir mis au Travail lié & suspendu comme il doit être, ou renversé par terre si c'est en campagne ou à l'armée, & les jambes liées pour éviter accident, vous levés la tête haute avec une corde, vous fendés la peau avec un bistouri, faisant une incision longitudinale sur la glande, &

ensuite avec les doigts ou avec la corne de chamois qui est une corne courbe, pointuë, lisse & polie, vous cernés la glande & la soûlevés pour connoître & couper toutes les attaches & adhérences, évitant soigneusement les veines, nerfs & arteres. Si cependant on avoit fait ouverture de quelque vaisseau, il faudroit en faire la ligature en passant par-dessous une aiguille courbe enfilée d'un fil ciré double, & embrassant un peu de chair ou autre substance, hors les nerfs, dans la ligature que vous assûrés d'un nœud double en rosete. Au défaut de la ligature, qui demande une sorte de dexterité, on peut appliquer dessus un plumaceau chargé de vitriol en poudre, mais si on peut saisir le vaisseau la ligature est préférable.

Il y a des gens qui sont dans l'usage de fendre la peau & la glande tout à la fois & y mettent du sublimé corrosif mêlé avec de la salive & de l'eau-de-vie, ou de l'onguent doux. D'autres se servent de réalgal, mais rarement a-t'on un bon succès de caustics dans les parties glanduleuses.

On panse la plaie avec de l'égyptiac, & on lave tous les jours la plaie avec du vin chaud avant le pansement; & si les chairs surmontoient on feroit un liniment sur les chairs baveuses avec de l'huile de vitriol, & on remplit toute la cavité avec de la filasse.

De la Castration.

Il faut renverser le cheval par terre, lui lier avec une corde la jambe du montoir de derriere, lui passer cette corde par-dessus le col, & fendre avec un bistouri bien tranchant la premiere peau du scrotum ou de la bourse, c'est la même chose, & faire cette incision à la partie latérale. Après la premiere peau s'en présente une seconde que vous fendés encore, suivant la même direction, vous faites sortir le testicule que vous tirés à vous doucement, puis avec un fer à châtrer qui s'ouvre & se ferme comme une espece de compas, vous embrassés & serrés tout le paquet des vaisseaux spermatiques, ayant la précaution de g'isser dessous les deux jambes du fer, un linge mouillé en double, de crainte qu'en passant le feu vous ne brûliés tous les vaisseaux & les parties voisines. Quand vous avés serré le fer & arrêté la vis, avec un bistouri vous coupés le testicule à l'épaisseur de deux écus près du fer, puis vous appuyés un fer rouge sur le bout des cordons coupés. Vous frottés ensuite avec un masse, composée avec de la poix blanche & du verd de gris, & y repassés un autre fer rouge, vous en faites autant à l'autre testicule & l'opération est faite.

Quand tout cela est fini vous détachés le cheval & le laissés relever, puis vous le menés à la riviere
s'il

s'il en est proche, ou bien vous le lavés avec un seau d'eau fraîche. Si c'est en Esté vous continués de quatre heures en quatre heures à le laver avec de l'eau fraîche. Si c'est en Hyver vous faites tiédir l'eau. Il faut que cette plaie supure & qu'il tombe une escare. C'est pourquoi si cette plaie se refermoit vous la rouvririés avec le doigt oint de sain-doux ou de crême.

Il faut, si on le peut, ôter les vilainies & le cambouis qui se trouvent dans le fourreau.

DU LAVEMENT
& de la maniere de vuider un Cheval.

Autrefois ce n'étoit pas une chose aisée de donner un lavement à un cheval, on se servoit d'une corne percée comme un entonoir que l'on fourroit dans l'anus du cheval, & l'on versoit avec un pot le lavement dans la corne. Il falloit bien des cérémonies pour le faire entrer. Il falloit remuer la langue du cheval, lui frapper sur les rognons, & encore avoit-on bien de la peine, & quelquefois on ne réüssissoit pas. Aujourd'hui la seringue supplée sûrement & bien plus commodement à ce long procédé. Mais malgré la commodité de cette invention on pourroit ne pas réüssir encore à donner le remede lorsque les matiéres se trouvent amassées en si grande quantité à l'extrêmité du rectum, qu'elles y forment une masse de la grosseur de la tête d'un homme. C'est pourquoi il faut alors vuider le cheval de ces grosses matiéres, ce qu'un homme fait en graissant son bras & la main d'abord, avec du sain-doux, vieux oing, huile, beurre ou autre corps gras semblable, & l'introduisant doucement jusques dans le boïau, d'où il tire à poignées tout autant de fiente qu'il en rencontre. Quelquefois la rétention seule de ces grosses matiéres que le cheval veut faire sortir par de vains efforts, lui causent un battement de flancs & des tranchées, dont il est soûlagé aussitôt que l'opération est faite. Quand le cheval a quelque difficulté d'uriner, on presse la vessie, en étendant & appuïant la main dessus, ce qui fait uriner le cheval sur le champ, mais il n'est pas sûr d'y appuïer trop fortement.

La méthode des anciens, dont nous avons dit qu'ils se servoient pour donner des lavemens, n'est pourtant pas tout-à-fait à rejetter, & d'habiles Maréchaux prétendent que l'on s'en doit encore servir dans certaines maladies, & que le lavement entrant avec moins de précipitation que par la seringue, fatigue moins le cheval dans une maladie qui le tourmente déja assés, comme dans la courbature, &c.

Du Séton & de l'Ortie.

Le séton est un morceau de corde

ou de cuir, ou quelqu'autre corps semblable que l'on introduit entre cuir & chair par une ouverture, & que l'on fait reſſortir par une autre, pour donner iſſuë à des matiéres qui étoient enfermées & croupiſſoient dans cette partie.

L'ortie eſt un pareil morceau de corde, cuir ou fer battu, que l'on introduit par une ouverture, & que l'on fait reſſortir par la même.

C'eſt à la hanche & à l'épaule que ces opérations ſont les plus conſidérables ; en décrivant celle de l'épaule on verra aiſément comment elle ſe fait à la hanche & ailleurs.

Quand on veut appliquer un ſéton ou une ortie à l'épaule, ſi c'eſt un cheval qui ait le poitrail fort large, & par conſéquent qui ait les épaules fort groſſes, on commence par lui broïer l'épaule avec quelque corps qui ſoit fort dur pour que la peau ſe détache plus facilement, enſuite on le renverſe par terre, ſur-tout s'il eſt méchant ; car il y a des chevaux patiens qu'il suffit de retenir. Quand il est renversé vous coupés avec un rasoir ou un bistouri le cuir en travers, à trois doigts au dessus de la jointure du coude, puis avec un morceau de cerceau poli, un cierge ou encore une spatule de fer bien lisse & polie, destinée à cet usage, vous séparés la peau d'avec le corps de l'épaule, en remontant jusqu'à la criniere & promenant la spatule en long & en large devant & derriere l'épaule, afin que les sérosités & glaires s'amassent dans cet espace, ensuite vous faites entrer avec votre spatule un morceau de cuir replié, long de dix-huit ou vingt pouces, & large de sept à huit lignes, & afin qu'il ne glisse pas & ne sorte pas avant qu'on veuille le retirer, on fait avec la spatule une petite coche entre cuir & chair pour y loger le bout excédent de ce cuir. C'est ainsi que se pratique l'ortie. Pour en faire un séton il n'y a qu'à faire une contr'ouverture à la partie supérieure de l'épaule, & mettre un morceau de cuir beaucoup plus long ou une corde faite avec moitié crin & moitié filasse, & la remuer tous les jours dans le pansement pour la nettoïer & l'enduire de nouveau de supuratif ou de quelqu'autre onguent semblable. En tirant cette corde on ne l'ôte point entiérement pour cela on ne fait que la passer & repasser. Pour l'ortie on l'enduit la premiere fois de supuratif & on la laisse en place quinze à dix-huit jours ; car quoique les Maréchaux disent ordinairement que neuf jours suffisent, l'expérience leur fait voir le contraire, du moins dans les grands maux. A l'ortie & au féton on suspend le cheval pendant tout le tems qu'il le porte, afin qu'il ne se couche pas, ou on l'empêche de se coucher. On le met au son au lieu d'aveine & à l'eau blanche, & on lui donne plus de paille que de foin, on lui frotte le premier jour l'épaule avec l'onguent ou huile rosat & l'eau-de-vie, & les jours suivans on y applique matin & soir une charge résolutive & spiritueuse pour fortifier la partie, vous pouvés employer, par exemple, l'emmielure rouge, p. 226. & à son défaut l'emmielure commune, p. 119. & y ajoûter un demi-setier d'eau-de-vie.

Quand on applique des sétons ou des orties à d'autres parties, comme à la nuque, au col, sur les roignons & ailleurs, on fait l'ouverture & le détachement de la peau proportionné à la grandeur de la partie.

Quelquefois on passe un séton au travers d'une tumeur, en ce cas la matiére a cavé dessous suffisamment, & il est inutile de séparer davantage le cuir d'avec la chair.

Maniere de dessoler.

Il y a des chevaux si doux qu'on peut les dessoler à la main, mais quand ils sont méchans ou qu'on s'en méfie, on les met dans le Travail, ou bien on les renverse par terre. Ensuite on pare le pied le plus mince qu'on peut, on ouvre bien les talons, & avec le boutoir même on coupe & on cerne la sole tout autour du sabot, y laissant pourtant à l'entour l'épaisseur de deux écus de sole. Il faut prendre garde de trop enfoncer le boutoir. Il suffit de couper assés avant pour qu'il en sorte une petite rosée de sang. Quand avec le boutoir vous avés détaché de tous côtés les plus fortes adhérences de la sole, vous repassés le bistouri dans la rénûre qui a été faite, & en soûlevant la sole par un côté, vous coupés avec le bistouri toutes les adhérences qui sont dessous en frappant legerement sur le dos du bistouri avec le manche du brochoir: quand les côtés sont bien détachés, vous enlevés la sole avec un instrument appellé le leve-sole, vous la saisissés avec les triquoises, & l'arrachés. Quand tout cela est fait, on passe une corde autour du paturon pour resserrer les vaisseaux, étancher le sang & se donner le tems de reconnoître le veritable état du pied. Si c'est pour encastelure ou pour un clou de ruë qui ait blessé la fourchette, on fend la fourchette d'un bout à l'autre, pour desserrer les talons & donner une plus libre circulation dans la partie en dégorgeant les sucs qui y sont étranglés. S'il se trouve des chairs fongueuses, baveuses ou surabondantes, il faut bien se donner de garde d'y mettre aucun caustic pour les guérir ; ce seroit un pied qui ne guériroit jamais, il faut couper & l'incision est beaucoup moins douloureuse, s'il y a quelque bleime ou chair meurtrie, vous y donnés quelque coups de bistouri ou de renette pour la même raison ; vous faites lâcher ensuite pour un moment la corde qui lie la jambe dans le paturon pour laisser couler le sang, & arroser la partie, & lui servir de baume. Quand vous croyés la partie aſſés dégorgée, vous faites reſſerrer la corde, vous lavés la plaie avec de l'oxycrat ou de l'eau-de-vie, vous ferrés à quatre ou cinq cloux, & enſuite vous appliqués des plumaceaux couverts de terebentine, ou imbibés ſeulement d'eau-de-vie & d'oxycrat, & des écliſſes par-deſſus retenues par une autre écliſſe tranſverſale qui s'arrête entre les éponges du fer & les deux côtés du talon, & ne levés votre appareil au plutôt que quatre jours après; car c'eſt une regle générale, que moins une plaie eſt expoſée à l'air, plus promtement elle guérit. C'eſt la pourriture ſeule, la trop grande quantité de pus & la crainte qui font lever un premier appareil; car on a vû des chevaux à qui un ſeul appareil a ſuffi après avoir été deſſolés & la ſole entiérement revenuë au bout de quinze jours, pendant leſquels on n'avoit point levé l'appareil pour quelques raiſons particuliéres.

Il faut avoir soin de mettre un restrainctif avec bol & vinaigre, ou avec la suie de cheminée, le vinaigre & les blancs d'œufs autour du boulet toutes les vingt-quatre heures, de crainte que la matiére ne soufle au poil.

L'*Amputation de la Queuë*.

Toutes les saisons de l'année ne sont pas propres à faire cette opération. Le grand froid rend cette opération mortelle. Le grand chaud la rend incommode à cause des mouches & de la gangrêne qui peut s'y mettre.

Elle se fait de diverses manieres; on se sert du bistouri, on se sert du boutoir, on se sert d'un coûteau. A un jeune poulain on peut la couper dans un joint avec le bistouri, sans aucune difficulté. A un cheval fait on la coupoit anciennement, en mettant le boutoir sous la queuë à l'endroit où on vouloit la couper, & en donnant dessus un grand coup de maillet, mais c'étoit faire au cheval un double mal, meurtrissure d'un côté & incision de l'autre. Aujourd'hui on s'y prend d'une autre maniere, on met la queuë sur une buche de bout, on met un grand coutau fait exprès sur l'endroit où on veut la séparer, on donne sur le coutau un grand coup de maillet ou de marteau, on panche le couteau un peu pour la couper en flutte, afin que le cheval la porte par la suite de meilleure grace, puis on y met le feu en la levant le plus haut qu'on peut avec le brûle-queuë qui est un fer fait comme une clef des roues d'un carosse, avec cette différence que l'extrêmité utile est ronde au lieu de quarrée pour que la queuë puisse y entrer. Les Anglois ont, à ce que l'on dit, l'usage de couper deux nerfs à côté de la queuë, qui font que leurs chevaux portent toute leur vie la queuë haute. Il y a encore une autre méthode, c'eſt après avoir coupé la queuë ſans aucune cérémonie, d'y attacher une corde laquelle paſſe par une poulie attachée au plancher de l'écurie, & au bout de cette corde y ſuſpendre un poids d'une certaine peſanteur, de ſorte que le cheval, ſoit couché, ſoit relevé, ait toûjours la queuë ſoûlevée, juſqu'à ce que la cicatrice ſoit formée. Il faut obſerver de couper les crins avec des ciſeaux à l'endroit où l'on veut couper la queuë aux chevaux, on la peut couper auſſi courte que l'on veut & auſſi longue, mais aux juments il faut de neceſſité la laiſſer aſſés longue pour qu'elle couvre la nature.

Maniere de barrer les Veines.

On s'y prend de deux manieres pour faire cette opération. On ſe ſert du feu, nous en parlerons au Chapitre du Feu, & on ſe ſert de la ligature, c'eſt le ſujet de ce Chapitre.

On barre la veine à presque toutes les parties du corps, au larmier, au bras, à six doigts au-dessus du genouil, au jarret & au paturon dans sa partie latérale.

Quand on veut barrer la veine au larmier, il faut mettre la corde au col du cheval, comme si on le vouloit saigner au col, afin que la veine du larmier qui est une ramification de la jugulaire externe, puisse se gonfler. On lui met la main dans la bouche pour lui faire remuer la langue & les mâchoires, ce qui aide encore à grossir le vaisseau. Quand il paroît assés plein vous coupés la peau longitudinalement sur le vaisseau pour le découvrir. Vous le détachés le plus adroitement que faire se peut avec la corne de chamois, que vous introduisés sous la veine en glissant haut & bas de la longueur d'un bon pouce, vous enfilés votre corne de chamois qui a un trou fait exprès pour cet usage, d'une soye torse doublée jusqu'à la grosseur d'un fil gros de Cordonnier, & vous la cirés ou l'enduisés de poix noire ou grasse, vous passés la corne enfilée de votre soye sous le vaisseau, & vous faites la premiere ligature du côté que la veine se va rendre dans la jugulaire, vous assûrés votre ligature d'un double nœud, & quand elle est faite, vous faites une legere piquûre longitudinale à trois ou quatre lignes près de la ligature pour en tirer du sang, & assûrer le Maître qu'on a sûrement lié la veine, ensuite vous faites une seconde ligature qui soit aussi forte au moins que la premiere pour arrêter le sang, & ensuite vous appliqués une charge dessus pour empêcher l'inflammation, & vous faites quelques saignées au cheval pour diminuer le volume du sang qui cause quelquefois une enflûre très-considerable, vous laissés tomber les soyes d'elles-mêmes, ce qui n'arrive qu'après plusieurs semaines.

Dans toute opération, & particuliérement dans celle-la, il faut observer que le bistouri & autres instrumens, dont on se sert, soient bien nets. On a vû des chevaux prendre le farcin pour s'être servi d'instrumens mal essuyés, & le mal commençoit au lieu de l'opération.

Lorsqu'on la fait au bras, il faut choisir l'endroit le moins charnu, qui est environ à six doigts au-dessus du genouil, on n'y fait point de ligature avec la corde, parce que la veine est assés apparente.

On n'en fait point au jarret.

Quand on la veut faire au paturon, on peut mettre la corde au-dessus du boulet ou du genouil. Cela est alors indifférent. Mais il faut observer de ne la jamais faire aux jambes gorgées actuellement.

Le Feu.

Il n'y a point de remede qui soit d'une utilité si universelle dans les maladies des chevaux que celui-la:

il

il étoit même ancienement en grande faveur dans la Medecine pour les hommes, & ce seroit peut-être une question qui ne seroit pas mal fondée, de sçavoir si la cruauté apparente de ce remede a dû être une raison suffisante pour le faire tomber dans un discrédit aussi entier. Et si la Chirurgie moderne a perfectionné la dexterité de la main pour faire les opérations les plus hardies, elle a peut-être perdu aussi en s'attachant trop à la main, une ressource infinie pour traiter un nombre de maladies que l'antiquité guerissoit par le moyen du feu, & que la Chirurgie moderne abandonne comme incurables ou entreprend sans succès, malgré le haut point de perfection auquel elle est parvenuë. Laissons ces conjectures qui ne sont pas de notre ressort, & revenons à la maniere de donner le Feu.

On le donne avec divers instrumens, de différentes manieres & à plusieurs parties.

Les instrumens varient dans la figure & dans la matiére.

Dans la figure on se sert de pieces de monnoye d'or, de coutaux, de boutons ronds, de boutons plats, de pointes, d'S, &c. selon le besoin des différentes parties.

Dans la matiere, les uns sont d'or, les autres d'argent, les autres de cuivre, d'autres de fer. On demande quels sont les meilleures. Chaque métal a ses adorateurs. Mais cependant on convient assés que l'or doit être interdit de cet usage, son feu est trop violent. Pour les trois autres leur feu est assés doux, mais je ne vois pas un grand avantage à se servir de l'argent préférablement aux autres.

Quant aux diverses manieres de l'appliquer, la situation ou la figure de la partie en détermine la figure. On donne des pointes de feu, des boutons de feu, des raies, des étoiles, des rouës avec une semence tout autour, c'est-à-dire, qu'après avoir tracé legerement un cercle avec le coutau de feu, on applique d'espace en espace, dans les différens points de ce cercle, des pointes de feu.

Par exemple, on barre aussi les veines avec le feu, & cet usage est moins douloureux & moins dangereux que la maniere précédente; car par le feu il n'arrive pas une inflammation si grande, particulierement aux jambes que l'on a vû quelquefois devenir de la grosseur du corps d'un homme, ce qui n'arrive jamais par le feu. On le met avec le coutau de feu en faisant une croix ou une étoile sur la veine, ou en tirant dessus deux ou trois petites raies, on évite outre cela le danger du farcin dont nous avons parlé.

On barre ainsi la veine au larmier, au jarret, au bras, à la cuisse, &c.

On perce aussi des abscès avec des pointes de feu, sur-tout au garrot, au toupet, pour le mal de taupe,

A a ij

sur les rognons, & aux endroits où nous avons dit que venoient les cors quand il y a du pus.

A l'épaule, pour un écart, ou à la hanche, pour un effort, on le met en figure de rouë. Quelquefois au lieu de faire des rayons après avoir tracé le cercle, on y dessine avec une pointe de feu les armes du Maître, un pot de fleur, une couronne, ou autre chose semblable, suivant le goût de celui qui travaille, mais la figure n'y fait rien. Quand il faut beaucoup de raies & de boutons de feu, on peut y faire quelque dessein, mais il seroit ridicule d'aller faire une figure de feu à un endroit où il ne faut que deux ou trois raies, comme à un suros où une petite étoile suffit, à une fusée, où on le met en fougere ou pate d'oye, c'est-à-dire, à peu près comme les rayons d'un évantail, ou quelquefois en raies, disposées comme les barbes d'une plume.

Ce qu'on appelle grains d'orge & semence de feu, c'est la même chose, ce sont de petites pointes de feu, plus petites que les autres, & que l'on seme sur des lignes où on a déja passé legerement le feu.

A la couronne, lorsque la matiere soufle au poil, ou qu'on veut relargir le sabot & lui faire reprendre nourriture, on applique de petites raies.

Quand la corne est éclatée on y met une S de feu pour réünir les deux quartiers séparés par une seime, afin qu'il s'y fasse une avalure qui les puisse réünir. On appelle avalure une corne plus tendre, formée par un suc gelatineux, & qui est moins seche & moins cassante que la corne vieille, & qui par conséquent donne le tems au reste du sabot qui est fendu de se rejoindre à l'aide des bons remedes qu'on y applique : s'il y avoit inflammation à la seime au lieu d'une S, on mettroit aux deux côtés deux petites raies de feu.

Pour les courbes, éparvins, veſſigons, &c. on le met en palme ou fougere.

Il y a pluſieurs choſes à obſerver pour donner le feu utilement.

Premierement, par rapport au tems, c'eſt celui de neceſſité, ſans s'embarraſſer du cours de la Lune ni des Planetes.

Secondement, il eſt à propos de ramolir & ôter l'inflammation des parties s'il ſe peut, avant que d'employer le feu.

3. Il ne faut jamais faire chauffer les fers au charbon de terre, mais à celui de bois.

4. Il faut qu'ils ſoient rouges, mais non flambants.

5. Il faut avoir la main legere. Entendés pourtant qu'il faut appuier & qu'il vienne en couleur de ceriſe, & ne ſe pas contenter de brûler ſeulement le poil, mais ne pas enfoncer lourdement juſqu'à ce que l'on ait percé le cuir.

6. Il ne faut point d'impatience

quand on a donné le feu au cheval, ni pour le panſement, ni pour le ſuccès de la cure. Je dis pour le panſement, parce qu'il ne faut point faire marcher un cheval ſi on lui a donné le feu aux jambes que pluſieurs jours après que l'eſcare eſt tombée, ce qui n'arrive guéres qu'au bout de quinze jours, & eſt bien autant & plus à ſe guérir. On ne doit pas non plus être inquiet pour le ſuccès de la cure, parce qu'il arrive ſouvent qu'un cheval à qui on aura donné le feu pour boiter, boitera encore deux mois après, mais quoique l'effet de ce remede ſoit lent, il opére cependant aſſés ſûrement.

Quand on a appliqué le feu, on frotte la brûlure avec du miel & de l'eau-de-vie, ou on y met un cirouëne avec de la cire jaune fonduë avec partie égale de poix noire & de la tondure de drap ou os calcinés, ou de la ſavate brûlée par-deſſus, mais le miel & l'eau-de-vie font l'efcare moins grande.

7. Il faut empêcher que le cheval ne fe frote, ni morde, ce qui arrive souvent, car ils s'arrachent fans miféricorde jufqu'au vif. Il faut alors leur mettre un colier & même les entraves, & mettre fur la plaie, de l'alum calciné ou du colcothar en poudre, ou de l'eau vulneraire, une fois le jour, ou de l'eau feconde.

Si le feu agiffoit peu, il n'y auroit qu'à paffer deux ou trois fois avec un pinceau de l'huile de vitriol fur les raies, cela rendroit le feu qu'on auroit donné beaucoup plus réfolutif & plus actif.

Maniere d'énerver.

Sur les os des pinnes ou aîles du nés, dont on a parlé dans l'Ofteologie, il fe trouve un nerf gros comme un gros tuïau de plume qui vient jufqu'au bout du nés. Ce nerf eft fort fenfible au toucher, & c'eft lui que l'on doit couper dans l'énervation. On

On faisoit anciennement cette opération, en fendant les nazaux par le bout, on trouvoit l'extrêmité du nerf, dont nous venons de parler, on le saisissoit avec des triquoises ou tenailles communes, ou bien on le passoit dans un morceau de bois fendu que l'on serroit fortement par-dessus avec une forte ficelle, puis on le tiroit à soi pour sentir toutes ses adhérences que l'on coupoit au travers de la peau avec un bistouri. Puis d'une saccade on l'arrachoit fortement & l'opération étoit faite. Mais cette méthode est absolument mauvaise, elle cause une inflammation & une enflûre terrible à la tête du cheval, qui en périt souvent.

On s'y prend aujourd'hui d'une autre maniere. On fait une incision longitudinale de deux pouces de longueur sur le nerf même, à côté du nés, à quatre ou cinq doits au-dessous de l'œil; vous découvrés le nerf & le coupés le plus haut que faire fe peut, vous faififfés le bout d'en-bas qui fe retire fort promtement, & en coupés environ un pouce ou un pouce & demi de longueur. Vous panfés la plaie avec du beurre frais ou du fupuratif, & empêchés que le cheval ne fe frote.

Cette opération fe pratique auffi aux ars. Le nerf fe trouve à la partie latérale interne du bras, quatre doits ou environ au-deffous de l'épaule, & quatre doits au-deffus de l'endroit où l'on barre la veine, & fe fait de la même maniere que la précédente, & fe pratique pour les jambes arquées & bouletées, que les Maréchaux appellent *juquées* ou *piedsbots*.

Du Polipe.

Les chevaux font auffi fujets que les hommes, à une maladie qu'on appelle Polipe. C'eft une excroiffance fongueufe qui prend fon origine vers la voute du palais, defcend dans le nés & embarraffe la respiration, & fait soufler le cheval. Il n'y a point d'autre remede à cette maladie que d'emporter ce corps étranger. On introduit la corne de chamois dans le nés. On perce la substance spongieuse de ce corps étranger, & on l'attire à soi, vous donnés la corne à tenir à un serviteur, sans quitter prise, & vous introduisés le bistouri le plus avant que faire se peut dans les nazaux, & coupés le plus près de la racine que vous pouvés, en remontant.

Les Maréchaux appellent cette opération *desouricher*, mais cette opération n'est pas ordinaire, quoi qu'utile & peu dangereuse.

De la maniere de couper la langue.

Il y a des chevaux qui ont la vilaine habitude de tirer la langue, & qui la laissent pendre en dehors d'une longueur assés considérable. Quoique ce soient d'ailleurs de très-beaux chevaux, rien n'est plus défagréable à la vûë. Cela peut provenir d'un relâchement dans la partie, auſſi-bien que de mauvaiſe habitude. On eſſaye différens moyens pour les corriger de ce défaut. On leur met des drogues âcres & déſagréables ſur le bout de la langue pour la leur faire retirer. On la pince, on la pique, on y cingle de petits coups pendant pluſieurs jours, & quand ce n'eſt qu'une mauvaiſe habitude, on la leur fait perdre quelquefois à force de ſoins & d'aſſiduités. Mais ſi ce défaut vient de mauvaiſe conformation ou d'un relâchement dans la partie, & que toutes ces tentatives deviennent inutiles, on a recours à l'opération qui conſiſte à en couper un petit bout de chaque côté. Ce qui ſe fait en la tirant un peu ſur le côté, la tenant ferme dans la main & en coupant avec un raſoir bien tranchant les deux côtés du petit bout, afin que la langue reſte toûjours un peu pointuë, parce que ſi on la coupoit transversalement, elle passeroit par la suite par-dessus le mors, & outre cela le cheval auroit de la peine à ramasser son aveine dans la mangeoire.

OBSERVATION SUR
la maniere de faire avaler les breuvages & pillules, & sur l'usage du billot.

L'usage ordinaire, lorsqu'on veut faire avaler un breuvage à un cheval, est de lui lever la tête haute, de lui tenir la bouche ouverte avec un baillon, & lui couler dedans la potion tout doucement avec la corne. Dans certaines maladies où il ne peut ouvrir la bouche, on lui met la corne dans les nazaux, & le breuvage passe par la communication de la voûte du palais, entre la bouche & le nés. Dans d'autres maladies, on le fait pour déterger quelqu'ulcére qui se peut trouver dans les nazaux, comme dans la gourme & la morve. Quelquefois on ufe de cette méthode, quoiqu'il n'y ait point d'ulcéres dans les nazaux, & que le cheval puiffe ouvrir aifément la bouche, mais feulement parce qu'il feroit dangereux de lui faire lever la tête, qu'il eft obligé de lever plus haut quand il prend par la bouche. Pour les pillules on fe faifit de la langue, on la tient ferme & on met la pillule deffus, & elle fe fond ou tombe infenfiblement dans l'éfophage, fi elle ne couloit pas aifément, vous lui feriés tomber fur la langue quelques goutes d'huile qui faciliteront la defcente. Après avoir pris les pillules on peut lui couler fur la langue un petit verre de vin pour achever de précipiter les pillules. Mais voici ce qu'il faut obferver.

1. Qu'il eft dangereux de faire lever la tête trop haute, parce que le cheval s'engoüie plus facilement.

2. Que quand il touffe, il faut

cesser pour un moment le breuvage & les pillules, & lui laisser baisser la tête, parce qu'on a vû des chevaux qui ont péri d'une médecine, non par la qualité des drogues, mais par la quantité de liqueur qui étoit tombée dans la trachée artére, & avoit suffoqué le cheval.

3. De ne point tirer la langue trop fort, parce que ses adhérences étant foibles, on pourroit l'arracher.

4. De ne lui point faire avaler trop vîte par la même raison.

Le billot n'est point sujet à ces inconvéniens, c'est un bâton fait en forme de mors, autour duquel vous mettés les médicamens convenables, incorporés s'il le faut avec suffisante quantité de beurre ou de miel, & que vous enveloppés d'un linge pour retenir le tout, aux deux bouts de ce mors est attachée une corde que l'on passe par-dessus les oreilles, comme une têtiere. On laisse le cheval à ce billot jusqu'à ce qu'il ait succé tout le médicament. Cette maniere de faire prendre les remedes est assés commode & sans aucun danger.

MANIERE
DE FAIRE
DES PLOTES.

Plote blanche.

IL y a plusieurs manieres pour faire une Plote blanche, mais la meilleure est celle qui suit.

Il faut avec un poinçon percer la peau au milieu du front en croix, & détacher la peau de l'os avec le poinçon, ensuite prendre deux lames de plomb étroites les passer en croix dans les trous du poinçon, ensorte que les quatre bouts sortent par les quatre trous. Cela étant fait, il faut avec une ficelle serrer fort au tour des quatre bouts des plombs qui débordent, ensorte que la peau forme une espece de bosse dans le milieu. Il faut faire faire plusieurs tours à la ficelle en la serrant de plus en plus. Il faut laisser la ficelle & le plomb deux fois vingt-quatre heures, la délier ensuite, retirer le plomb & applatir la peau avec la main sur le front. Le poil tombera & celui qui viendra à la place sera blanc.

D'autres se servent d'une tuile ou brique, en frottent la partie jusqu'à ce que le poil soit tombé & la peau écorchée, & frottent ensuitte l'endroit avec du miel.

D'autres se servent d'une pomme qu'ils font rotir au feu, & l'appliquent toute brulante sur la partie; ce qui forme une escare, & le premier poil qui revient est blanc.

D'autres rasent la partie, la frottent avec du jus d'oignon ou de poireau, appliquent ensuite sur l'endroit rasé une mie de pain sortant du four qu'ils laissent jusqu'à ce qu'elle soit refroidie, & frottent ensuite la partie avec le miel.

Plote noire.

Il faut prendre de la rouille de fer des noix de galle, & du vitriol, les faire infuser ensemble dans de l'huile, & en oindre la partie.

Plote rouge.

Il faut prendre une once d'eau forte, pour un sol d'eau de vie, trente sols d'argent, mettre le tout dans un pot, le chauffer & en oindre la partie.

Pour faire des marques isabelles ou brunes, sur le corps d'un Cheval blanc ou gris.

Il faut faire amortir une livre de chaux dans deux pintes d'eau, y ajouter une demi livre de litarge, & les bien mesler ensemble, laisser reposer le tout quelque tems. Il faut ensuite avec un pinceau faire telle marque sur le corps qu'on voudra; & quand elle sera seche elle paroîtra isabelle. Si on veut qu'elle soit brune, il faut y mettre une seconde couche; cette marque durera jusqu'à ce que le poil tombe.

Pour faire croitre le crin & la queuë.

La principale cause que la plûpart des queuës des Chevaux ne sont pas longues, & garnies de poil, c'est le peu d'attention des Palfreniers qui lavent superficiellement le haut de la queuë, & n'ôtent pas la crasse qui est à la racine des crins qui cause des demangeaisons au Cheval, qui l'obligent à se frotter & déchirer sa queuë. La même chose arrive aux crins de l'encolure si l'on n'en a pas soin. On trouve à certaines queuës de gros crins courts, qui consument la nourriture des autres crins, il faut les arracher. Quelquefois aussi ce sont des cirons qui rongent la racine des crins; en ce cas il faut se servir du remede suivant, & prendre.

Une once de vif argent amorti dans une once de terebentine, l'incorporer dans du saindoux jusqu'à ce qu'il vienne couleur de cendre, & en frotter la racine des crins pendant quatre jours.

Les remedes les plus communs dont on se sert pour faire croître les crins & la queuë sont les suivans.

Quelques uns mettent infuser dans un seau d'eau des feuilles de noyer, & en lavent les crins & la queuë.

D'autres se servent de la racine de roseaux qu'ils font bouillir.

D'autres prennent l'eau avec laquelle on lave la viande de boucherie avant de la mettre au pot.

D'autres prennent de la lessive & du savon noir meslez ensemble, mais il ne faut pas que la lessive soit trop forte elle feroit tomber les crins & de l'une de ces eaux en lavent les crins & la queuë jufqu'à la racine.

On affure que le remede fuivant eft excellent, non-feulement pour faire croître les crins, mais les faire revenir où ils font tombez.

Deux poignées de crotte de Chevre fraîche, une demi livre de miel, une once d'alun en poudre, une chopine de fang de Porc, faire bouillir le tout enfemble, & en frotter les crins.

On fe fert auffi pour faire revenir les crins & le poil après une bleffure, de coques de noix ou noifettes brulées & pulverifées, que l'on met dans partie égale de miel, huile d'olive & vin, & l'on en frotte les crins.

Du jus d'ortie avec du miel & du faindoux meflez enfemble font le même effet.

Il faut tous les mois couper le bout de la queuë non-feulement pour la rendre égale, mais encore pour la faire croître. Il ne faut pas qu'elle paffe le fanon, le Cheval en reculant marcheroit dessus & se l'arracheroit.

Quand un Cheval a la queuë blanche, & qu'on veut la conserver propre, il faut après l'avoir peignée & lavée l'enfermer dans un sac; autrement la fiante & l'urine la rendroient jaune.

Composition de l'onguent de pied.

Le meilleur de tous les onguents de pied est le suivant.

Cire jaune, suif de mouton, saindoux, colofane, poix de Bourgogne, huile d'olive, miel, terebentine. Il faut prendre de chacune de ces drogues une demi livre, & les fondre en onguent. Ce remede est excellent pour faire croître la corne, mais quand on veut qu'il opere bien, il faut après en avoir graissé le haut du sabot autour de la couronne environ deux doigts de large en descendant, entourer la partie avec une litiere afin que l'onguent penetre. Il ne faut pas trop serrer la bande, parceque la corne venant à s'amollir par l'effet du remede, il se formeroit un cercle à l'endroit du bas de la litiere qui empêcheroit la corne d'être unie.

On se sert aussi d'un autre onguent de pied qui est à peu de frais. Une livre de tarc ou gaudron, une livre de saindoux, demi livre de miel commun, le tout incorporé ensemble, & mis dans un pot de terre vernissé.

Il ne faut pas manquer de frotter les pieds de devant deux fois la semaine avec de l'onguent de pied, en le mettant autour de la couronne environ deux doigts en descendant, comme nous venons de le dire. Cela nourrit la corne, la fait pousser, empêche qu'il ne vienne des seimes & bien d'autres accidens.

FIN

APPROBATION.

J'AY lû par l'ordre de Monseigneur le Garde des Sceaux, la quatriéme Leçon : *De l'Ecole de Cavalerie*, aussi utile que les premieres, & pleine de recherches & de découvertes nouvelles, propres à l'instruction de la Noblesse. A Paris ce 1. Février 1731. LA SERRE.

PRIVILEGE DU ROY.

LOUIS, par la grace de Dieu, Roi de France & de Navarre. A nos amez & féaux Conseillers, les Gens tenans nos Cours de Parlement, Maîtres des Requêtes ordinaires de nôtre Hôtel, Grand Conseil, Prevôt de Paris, Baillifs, Senechaux, leurs Lieutenans Civils, autres nos Justiciers qu'il appartiendra : SALUT. Nôtre cher & bien amé le Sieur DE LA GUERINIERE, l'un de nos Ecuyers ordinaire, Nous a fait remontrer qu'il a depuis peu établi dans son Académie une Ecole de Cavalerie, dans laquelle on donne des Leçons publiques, accompagnées de démonstrations & d'opérations pour enseigner la connoissance des Chevaux, leurs maladies, leur guérison, l'embouchure, la ferrure, la selle, la maniere de dresser les jeunes Chevaux, & généralement tout ce qui peut former un connoisseur & un homme de cheval : comme cette Ecole est très-utile pour les Gentilshommes qui font leurs Exercices, il avoit composé un Recueil de principes qui regardent cette matiere, qu'il a divisé en six Leçons ou cahiers, qu'il desireroit faire imprimer pour la facilité de ceux qui en voudront profiter; s'il nous plaisoit lui en accorder nos Lettres de Privilege sur ce necessaires; offrant pour cet effet de le faire imprimer en bon papier & beaux caracteres, suivant la feüille imprimée & attachée pour modele sous le Contre-scel des Presentes: A CES CAUSES, voulant traiter favorablement ledit Exposant, & reconnoître en sa personne les services qu'il Nous a ci-devant rendus, & ceux qu'il Nous rend encore actuellement, & lui donner les moyens de Nous les continuer; Nous lui avons permis & permettons par ces Presentes de faire imprimer *l'Ecole de Cavalerie avec figures; & l'Abregé du même Ouvrage, distribué par Leçons,* de sa composition, en un ou plusieurs volumes, conjointement ou séparément, & autant de fois que bon lui semblera, sur papier & caracteres conformes à ladite feüille imprimée & attachée sous nôtredit Contre-scel; & de le vendre; faire vendre, & débiter par tout nôtre Royaume pendant le tems de huit années consecutives, à compter du jour de la date desdites Presentes; Faisons défenses à toutes sortes de personnes de quelque qualité & condition qu'elles soient, d'en introduire d'impression étrangere dans aucun lieu de nôtre obéïssance; comme aussi à tous Imprimeurs, Libraires, & autres, d'imprimer, faire imprimer, vendre, faire vendre, debiter ni contrefaire ledit Ouvrage ci-dessus specifié, en tout ni en partie, ni d'en faire aucuns extraits, sous quelque prétexte que ce soit, d'augmentation, correction, changement de Titre, même en feuilles separées, ou autrement, sans la permission expresse & par écrit dudit Sieur Exposant, ou de ceux qui auront droit de lui, à peine de confiscation tant des planches que des Exemplaires contrefaits; de six mille livres d'amende contre chacun des contrevenans; dont un tiers à Nous, un tiers à l'Hôtel-Dieu de Paris, l'autre tiers audit Sieur Exposant- & de tous dépens, dommages & intérêts; à la charge que ces Presentes seront enregistrées tout au long sur le Registre de la Communauté des Libraires & Imprimeurs de Paris, & ce dans trois mois de la date d'icelles: que l'impression de cet Ouvrage sera faite dans nôtre Royaume & non ailleurs, & que l'Impetrant se conformera en tout aux Reglemens de la Librairie, & notamment à celui du 10. Avril 1725. & qu'avant que de l'exposer en vente, le Manuscrit ou Imprimé qui aura servi de copie à l'impression dudit Ouvrage, sera remis dans le même état où l'Approbation y aura été donnée, ès mains de nôtre très-cher & féal Chevalier Garde des Sceaux de France, le Sieur Chauvelin, & qu'il en sera ensuite mis deux Exemplaires dans nôtre Bibliotheque publique; un dans celle de nôtre Château du Louvre; un dans celle de nôtredit très-cher & féal Chevalier Garde des Sceaux de France le Sieur Chauvelin, le tout à peine de nullité des Presentes, du contenu desquelles vous mandons & enjoignons de faire joüir ledit Sieur Exposant ou ses Ayans cause, pleinement & paisiblement, sans souffrir qu'il leur soit fait aucun trouble ni empêchement. Voulons que la copie desdites Presentes qui sera imprimée tout au long au commencement ou à la fin de cet Ouvrage, soit tenuë pour dûëment signifiée; & qu'aux Copies collationnées par l'un de nos amez & feaux Conseillers & Secretaires, foi soit ajoûtée comme à l'Original. Commandons au premier nôtre Huissier ou Sergent, de faire pour l'execution d'icelles tous Actes requis & necessaires, sans demander autre permission, & nonobstant Clameur de Haro, Charte-Normande & Lettres à ce contraires. CAR tel est nôtre plaisir. Donné à Paris le onziéme jour du mois d'Août, l'an de Grace mil sept cens vingt-neuf, & de nôtre Regne le quatorziéme. Par le Roy en son Conseil. *Signé*, SAINSON. Et scellé.

Regiſtré ſur le Regiſtre VI. de la Chambre Royale & Syndicale de la Librairie & Imprimerie de Paris, Numero 414. Folio 357. conformément au Reglement de 1723. qui fait défenſes Art. IV. à toutes perſonnes de quelque qualité qu'elles ſoient, autres que les Libraires & Imprimeurs, de vendre, débiter & faire afficher aucuns Livres pour les vendre en leurs noms, ſoit qu'ils s'en diſent les Auteurs, ou autrement, & à la charge de fournir les Exemplaires preſcrits par l'Article CVIII. du même Reglement. A Paris le 23. Aouſt mil ſept cens vingt-neuf
Signé P. A. LE MERCIER, *Syndic*.

www.ingramcontent.com/pod-product-compliance
Lightning Source LLC
Chambersburg PA
CBHW070617160426
43194CB00009B/1296